Auf dem Weg zur KI-kompetenten Schule

Die digitale Transformation gestalten: Neue Wege für die gymnasiale Bildung

Boris Ehret

Inhalt

Vorwort — 5

Bildung im Umbruch — 5

Datenschutz — 6

Chancen nutzen, Datenschutz wahren — 6

KI-Leitfaden für das Gymnasium — 13

Die Notwendigkeit von klaren Richtlinien — 13

KI im schulischen Alltag — 20

Chancen und Risiken für die gymnasiale Bildung — 20

KI-Kompetenz als Bildungsauftrag — 29

Aktive Steuerung beim KI-Einsatz — 35

Die Rolle der Lehrpersonen: Wandel und Kontinuität — 39

Eine sich öffnende Leistungsschere — 43

Der Advanced Voice Mode: ein Blick in die Zukunft — 47

Unredlichkeiten bei Prüfungen — 49

Vom Spickzettel zur Künstlichen Intelligenz — 49

Maturaarbeit — 53

Die Kunst der klugen Themenwahl — 53

Das Beurteilungsraster — 63

Standards für den schriftlichen Bericht — 75

Der Umfang der Maturaarbeit — 77

Weiterbildung — 80

Ein Plädoyer für Konzeptwissen — 80

Bilder im Netz — 85

Schüler*innenfotos im digitalen Zeitalter — 85

WEGM-Reform   **89**

Einen wohlüberlegten Aufschub wagen?   89

Schlusswort   **94**

Bibliographie   **95**

Danksagung   **98**

Bildung im Umbruch

An der Schwelle eines neuen Zeitalters steht die Schule vor ihrer vielleicht grössten Herausforderung seit der Einführung des öffentlichen Bildungswesens. Die digitale Revolution und insbesondere die rasante Entwicklung künstlicher Intelligenz verändern nicht nur, wie wir arbeiten und kommunizieren, sondern stellen fundamentale Fragen an unser Bildungssystem: Was sollen junge Menschen heute lernen? Wie definieren wir Wissen und Kompetenz in einer Welt, in der Informationen allgegenwärtig sind und Maschinen zunehmend kognitive Aufgaben übernehmen?

Diese Zeiten sind für Schulen zweifellos anstrengend. Lehrpersonen sehen sich mit ständig wechselnden Anforderungen konfrontiert, Schulleitungen navigieren durch komplexe Reformprozesse, und alle Beteiligten müssen mit der Unsicherheit leben, dass heute entwickelte Konzepte morgen bereits überholt sein könnten.

Doch diese Zeiten sind auch aufregend. Selten zuvor bot sich die Chance, Bildung so grundlegend neu zu denken. Wir stehen an einem Punkt, an dem wir die wesentlichen Fragen stellen müssen: Was macht menschliches Lernen einzigartig? Welche Fähigkeiten werden in einer zunehmend automatisierten Welt unersetzlich bleiben? Wie gestalten wir Prüfungen, die echtes Verstehen statt reproduzierbares Wissen fordern?

Schulentwicklung wird in diesem Kontext zur spannenden Gestaltungsaufgabe. Statt passiv auf Veränderungen zu reagieren, können Bildungsinstitutionen aktiv eine Zukunft mitgestalten, in der Technologie und menschliche Bildung sich sinnvoll ergänzen. Dieses Buch versteht sich als Kompass für diese Reise – es bietet keine fertigen Antworten, sondern Orientierungspunkte für den Weg durch unbekanntes Terrain.

Die folgenden Kapitel beleuchten verschiedene Aspekte dieses Wandels – von konkreten Herausforderungen wie dem Umgang mit KI bei Maturaarbeiten bis hin zu grundsätzlichen Fragen der Kompetenzentwicklung im digitalen Zeitalter. Sie laden ein zum Nachdenken, zum Diskutieren und vor allem zum aktiven Gestalten einer Bildung, die junge Menschen auf eine sich rasch verändernde Zukunft vorbereitet.

Denn eines ist gewiss: Die Schule von morgen wird anders sein als die von gestern. Ob sie besser sein wird, hängt davon ab, wie mutig, reflektiert und weitsichtig wir heute handeln.

Chancen nutzen, Datenschutz wahren

Künstliche Intelligenz (KI) hat in den letzten Jahren rasant an Bedeutung gewonnen und ist längst im schulischen Alltag angekommen. Insbesondere an Gymnasien, wo fast alle Schüler*innen der oberen Klassen bereits über private ChatGPT-Accounts verfügen, stellt sich nicht mehr die Frage ob, sondern wie KI sinnvoll und rechtlich korrekt eingesetzt werden kann. Dieses Kapitel beleuchtet drei zentrale Anwendungsszenarien und gibt praktische Handlungsempfehlungen für Lehrpersonen.

1. Nutzung durch die Lehrperson mit persönlichem Account
Vorteile bei der Unterrichtsvorbereitung und -nachbereitung
Viele Lehrpersonen entdecken, wie KI-Modelle sie bei der Planung und Gestaltung von Unterrichtsmaterialien unterstützen können. ChatGPT oder ähnliche Tools generieren in Sekundenschnelle:

- Arbeitsblätter und Quizfragen zu einem Thema
- Kurze Zusammenfassungen oder Erklärungen für komplexe Sachverhalte
- Textkorrekturen und sprachliche Überarbeitungen

Der grösste Nutzen entsteht bei Routineaufgaben, wenn Lehrpersonen beispielsweise für den Fremdsprachen- oder Deutschunterricht wiederkehrende Übungsformen benötigen. KI kann erste Entwürfe vorschlagen, die anschliessend didaktisch angepasst werden.

Datenschutz: Keine personenbezogenen Schülerdaten eingeben
Ein heikler Punkt ist die Eingabe echter Schülerarbeiten zur Korrektur oder für Feedback in einer öffentlich verfügbaren KI (z.B. mittels eines Privataccounts bei ChatGPT). Sämtliche Inhalte, die man in der Prompt-Eingabe verwendet, werden in der Regel auf den Servern des KI-Anbieters verarbeitet und (je nach Anbieter) gespeichert. Aus datenschutzrechtlicher Sicht bedeutet das:

- Keine schüleridentifizierenden Daten (Name, Matrikelnummer, spezifische Leistungsdaten) eingeben.
- Anonymisierung oder Pseudonymisierung verwenden: Die Arbeit darf keine Rückschlüsse auf die Identität der Schüler*innen zulassen.

- Vorsicht bei sensiblen Inhalten: Gesundheitsinformationen, Notenkommentare oder ähnliche Personendaten sind besonders geschützt und dürfen nicht an externe Dienste gesendet werden.

Zwar kann das Einbinden von Schüleraufsätzen in eine KI zur Voranalyse Zeit sparen, doch rechtlich (und ethisch) ist das ohne eine ausreichende datenschutzkonforme Lösung nur zulässig, wenn die Texte derart anonymisiert sind, dass kein Rückschluss auf eine konkrete Person möglich ist.

Rechtlicher Rahmen: Schulisch oder privat?
Beim Einsatz von KI über private Accounts müssen Lehrpersonen und Schüler*innen beachten, dass die Eingaben von KI-Unternehmen häufig für Trainingszwecke genutzt werden. ChatGPT bietet inzwischen in den Einstellungen unter "Data Controls" die Möglichkeit, das Speichern von Chatverläufen und deren Verwendung für das Training neuer Modelle zu deaktivieren. Diese Option sollte aktiviert werden, um das Risiko einer Weiterverwendung sensibler Informationen zu minimieren.
Anwender*innen, die Wert auf Rechtssicherheit und Datenschutz legen, können auf die Team-Pläne von OpenAI zurückgreifen (mindestens zwei kostenpflichtige Accounts erforderlich). Diese ermöglichen den Abschluss eines Auftragsdatenverarbeitungsvertrags (ADV), der erhöhte rechtliche Sicherheit bezüglich der Datennutzung gewährleistet.
Empfohlen wird daher, in persönliche KI-Accounts keine sensiblen Daten einzugeben. Die Nutzung für die reine Ideenfindung – beispielsweise die Anfrage "Erstelle einen Aufgabentext zum Thema Genetik für die 9. Klasse" – ist hingegen unbedenklich.

	ChatGPT Free	ChatGPT Plus ChatGPT PRO	ChatGPT Team	ChatGPT Enterprise
Nutzungsbedingungen	Europe Terms of Use		Business Terms	
Auftragsbearbeitungs-Vertrag (DPA)	Nicht verfügbar		OpenAI Data Processing Addendum	
Nutzung mit Personendaten	Nein		Möglich (wenn DPA abgeschlossen)	
Nutzung mit vertraulichen Daten	Nein		Möglich (ausgenommen Amts- und Berufsgeheimnisse)	
Nutzung durch OpenAI für Training oder Serviceverbesserung	Ja (Nutzung für Trainings kann jedoch deaktiviert werden)		Nein	
Einsatz in der Schule (Klassenverband)	Eingeschränkt möglich (keine Personendaten / keine vertraulichen Daten / Autorenrechte beachten / Training deaktivieren)		Möglich	

Vergleich der ChatGPT-Versionen[1]: Nutzungsbedingungen und Datenschutz in Bezug zur Verwendung im schulischen Umfeld.

2. Einsatz im Klassenzimmer und im Klassenverband
Warum sich kollektive KI-Nutzung oft schwierig gestaltet

Die Stärken moderner KI liegen vor allem in der individuellen Interaktion – man stellt eine Frage und erhält personalisierte Antworten. Im Klassenverband wird jedoch schnell deutlich, dass:

- Login-Pflicht: Gängige KI-Systeme (z. B. ChatGPT) erfordern meist einen individuellen Account ab einem bestimmten Mindestalter

---

[1] Ehret, Boris (2024): *Prompt Engineering für die Sekundarstufe 1+2. Ein praxisnaher Leitfaden für Lehrpersonen.* Norderstedt, Selbstverlag.

(oft 13 oder 18 Jahre). Lehrpersonen dürfen Schüler*innen aber nicht zwingen, sich einen privaten Account zu erstellen und damit persönliche Daten preiszugeben.

- Datenschutz: Wenn Schüler*innen ungefiltert mit einem US-basierten Dienst interagieren, ist unklar, welche Inhalte (Chat-Verläufe, personenbezogene Daten) auf fremden Servern landen. Ohne entsprechenden Vertrag mit dem Anbieter bewegt man sich in einer Grauzone.
- Hoher Organisationsaufwand: Selbst wenn eine Schule kurzfristig Klassenzugänge herstellen will, müssen Eltern informiert werden, Altersgrenzen beachtet und Einverständniserklärungen eingeholt werden.

In der Praxis kommt es daher nur selten zur direkten Nutzung von ChatGPT im Klassenverband mit individuellen Accounts. Vielmehr werden Alternativlösungen diskutiert.

Plattformen ohne Schüler-Login: Fobizz, SchulKI

Als Antwort auf die rechtliche Problematik gibt es mittlerweile KI-Plattformen speziell für Schulen. Beispiele sind:

- **Fobizz:** Ermöglicht Schulen und Lehrkräften, KI-Werkzeuge (z. B. ChatGPT oder andere Modelle) ohne personalisierte Schülerkonten einzusetzen. Die Klasse erhält statt eigener Accounts lediglich Codes, über die sie Zugang hat. Allerdings werden Anfragen dabei in der Regel an Server in den USA weitergeleitet.
- **SchulKI:** Ein ähnliches Konzept, bei dem auf europäischen Servern gehostete KI-Modelle laufen. Die Schüler*innen müssen sich nicht registrieren und geben somit keine persönlichen Daten preis. SchulKI setzt auf schwächere Open-Source-Modelle, die in Europa gehostet werden.

Bei solchen Lösungen haben Schulen i. d. R. Verträge (sogenannte Auftragsdatenbearbeitungsverträge) mit den Anbietern, die den Datenschutz regeln. Damit werden rechtliche Risiken minimiert. Allerdings fallen Lizenzkosten an, und es bleibt wichtig, die Eingabe von Personendaten zu unterbinden.

Lokale Open-Source-Modelle (z.B. Mistral 7B)

Möchte eine Schule KI lokal betreiben, um höchstmöglichen Datenschutz zu gewährleisten, kommen Open-Source-Modelle wie etwa Mistral 7B ins Spiel. Diese können auf eigenen Servern (oder leistungsstarken Rechnern) laufen.

Vorteil:

- Daten verlassen das Schulnetz nicht.
- Klares Mitbestimmungsrecht: Keine Weiterverwendung der Eingaben durch Dritte.

Doch es gibt erhebliche Hürden:

- Technischer Aufwand: Die Schule braucht leistungsstarke Hardware (GPUs) und IT-Personal, das das Modell installiert, konfiguriert und aktualisiert.
- Leistungsunterschied: Modelle wie Mistral 7B sind derzeit spürbar langsamer und schwächer in ihrer Sprachkompetenz als Systeme wie GPT-4 oder Google Gemini.
- Keine Multimodalität: Anders als bei den grossen Cloud-KI-Lösungen (z.B. ChatGPT oder Google Gemini, die mittlerweile auch Sprach- oder Bildinputs akzeptieren) beherrschen typische Open-Source-Modelle im Moment kaum Bild- und Sprachbearbeitung. Dies schränkt den Einsatz zum Beispiel im Fremdsprachenunterricht erheblich ein.

Seltenere Nutzung im Klassenverband

Da Individualisierung eigentlich die grösste Stärke der KI ist, kommt sie im klassischen Präsenzunterricht mit der ganzen Gruppe selten zum Einsatz. Denkbare Einsatzszenarien sind:

- Deutschunterricht: „Prompting" üben.
- Informatik: KI verstehen und testen (Fehler provozieren, Halluzinationen aufdecken).

In vielen Fällen bleibt es bei demonstrativen Anwendungen (Lehrperson nutzt Beamer) oder bei Fachprojekten, wo die Klasse einen geteilten KI-Zugang (z.B. über Fobizz) ausprobiert. Auf diese Weise lernen die Schüler*innen, wie KI-Modelle funktionieren, ohne dass für jeden ein persönlicher Account nötig ist.

3. Individuelle Nutzung durch Schüler*innen
Tutorprogramme und Recherchetools

Viele Schüler*innen (insbesondere in den oberen Jahrgangsstufen) verfügen inzwischen nahezu alle über einen persönlichen Account bei ChatGPT oder einem vergleichbaren Dienst – oft rein privat, unabhängig von der Schule. Über solche privaten Accounts nutzen sie KI regelmässig:

- Individuelle Nachhilfe: Tutorprogramme wie „CustomGPT" oder ähnliche können auf bestimmte Fächer spezialisiert sein und Schritt-für-Schritt-Hilfe anbieten.

- Recherche-Assistenten: KI-Chatbots liefern erste Zusammenfassungen und Literaturhinweise, was besonders bei grösseren Projekten (z. B. Maturaarbeit, Seminararbeit) Zeit spart.

Freiwillige Nutzung statt Pflicht

Darf man als Lehrperson solche Tools verlangen? Grundsätzlich nein, wenn das die Erstellung eines persönlichen Accounts erfordert. Schüler*innen dürfen nicht gezwungen werden, datenschutzrelevante Verträge mit externen Unternehmen abzuschliessen. Stattdessen:

- Freiwilligkeit: Die Lehrperson kann KI-Angebote empfehlen oder als Option vorschlagen („Ihr könnt euch zusätzliche Erklärungen von einem KI-Tutor holen"), aber keinen Zwang ausüben.
- Aufklärung: Es ist wichtig, die Klasse und ggf. die Eltern transparent zu informieren, welche Risiken (z. B. unkritische Übernahme falscher Inhalte, Speicherort der Daten) damit verbunden sind.

In der Realität verwenden viele Gymnasiast*innen solche Angebote längst, um eigenständig zu lernen oder Hausaufgaben zu erleichtern. Schulen sollten das Thema nicht ignorieren, sondern begleitend aufklären und Regeln für den Umgang (z. B. Quellenangaben, Kennzeichnung von KI-Hilfen) definieren.

Stärken: Personalisierung und individuelle Förderung

Der grösste Vorteil von KI im Bildungsbereich liegt zweifellos in der Individualisierung:

- Schnell und rund um die Uhr verfügbar, um Fragen zu beantworten.
- Schrittweises Feedback, das sich an das jeweilige Niveau des Lernenden anpasst.
- Möglichkeit, gezielt Schreibübungen, Fremdsprachen-Dialoge oder Lösungshinweise für mathematische Aufgaben zu erhalten.

Gerade in grossen Klassen ist es schwer, allen Schüler*innen kontinuierlich personalisiertes Feedback zu geben. Hier schliessen KI-Tutorien eine Lücke – vorausgesetzt, die Schüler*innen haben die Kompetenz, die KI kritisch zu nutzen und Fehler zu erkennen.

Ausblick und Handlungsempfehlungen

Der schulische Einsatz von KI befindet sich in einer Übergangsphase, in der technische Möglichkeiten und juristische Anforderungen noch nicht vollständig austariert sind. Für Lehrpersonen und Bildungsbehörden empfehlen sich folgende Grundsätze:

1. Bei persönlicher KI-Nutzung der Lehrkraft: Keine personenbezogenen Schülerdaten in frei zugängliche KI-Dienste eingeben. Bei Korrektur- oder Feedback-Prozessen nur mit anonymisierten oder fiktiven Texten arbeiten.
2. Einsatz im Klassenverband: Statt verpflichtender individueller Accounts auf schulische KI-Plattformen wie Fobizz oder SchulKI setzen. Lokale Open-Source-Lösungen bieten maximalen Datenschutz, sind aber technisch aufwendiger und weniger leistungsfähig.
3. Individuelle Nutzung durch Schüler*innen: Die freiwillige Nutzung von KI-gestützten Tutor- und Recherche-Tools ermöglichen und durch Vermittlung von Medienkompetenz begleiten. Besonders für selbstständiges Lernen, Hausaufgaben und Projektarbeiten bietet KI wertvolle Unterstützung.

Mit dieser Balance wird KI zu einem hilfreichen Werkzeug im Gymnasialunterricht – ohne die Rechte der Lernenden zu gefährden. Zentral bleiben dabei die kritische Überprüfung der KI-Ergebnisse und die Transparenz der Lernprozesse.

KI-Leitfaden für das Gymnasium

Die Notwendigkeit von klaren Richtlinien

Künstliche Intelligenz (KI) hat in den letzten Jahren rasant an Bedeutung gewonnen und ist längst im schulischen Alltag angekommen. Insbesondere an Gymnasien, wo fast alle Schüler*innen der oberen Klassen bereits über private KI-Accounts verfügen, stellt sich nicht mehr die Frage ob, sondern wie KI sinnvoll und rechtlich korrekt eingesetzt werden kann.

Die Dringlichkeit eines KI-Leitfadens zeigt sich besonders deutlich in der aktuellen Situation: Während ein Teil der Lehrerschaft KI-Tools enthusiastisch im Unterricht integriert, stehen andere dem Einsatz dieser Technologien skeptisch oder sogar ablehnend gegenüber. Diese Diskrepanz führt zu Unsicherheit bei Gymnasiast*innen, die je nach Lehrperson unterschiedlichen, teilweise widersprüchlichen Erwartungen ausgesetzt sind. Ein Schüler mag in einem Fach für die Nutzung von ChatGPT gelobt, im anderen dafür kritisiert werden.

Ein schulweit verbindlicher Leitfaden schafft nicht nur Klarheit nach innen, sondern signalisiert auch nach aussen – gegenüber Eltern, Behörden und weiterführenden Bildungseinrichtungen – dass die Schule sich proaktiv mit den Herausforderungen der digitalen Transformation auseinandersetzt. Er bildet die Grundlage für einen konsistenten pädagogischen Umgang mit KI und schützt gleichzeitig vor rechtlichen Risiken, die durch unklare Regelungen entstehen können.

Ohne solche Leitplanken droht ein Flickenteppich, bei dem der Umgang mit KI von der individuellen Haltung einzelner Lehrpersonen abhängt. Zudem fehlt diesen ohne klare institutionelle Vorgaben oft die notwendige Rückendeckung, um konsequent und sicher mit neuen technologischen Herausforderungen umzugehen.

Ein umfassender KI-Leitfaden für Gymnasien sollte Dimensionen berücksichtigen und eine ausgewogene Position zwischen Technologieeuphorie und -verweigerung einnehmen. Er muss als verbindliches Instrument verstanden werden, das genügend Flexibilität bietet, um fachspezifische Besonderheiten zu berücksichtigen. Nur so kann er zur dringend benötigten "Unité de Doctrine" beitragen und Schulen im digitalen Wandel orientieren.

Kernelemente eines wirksamen KI-Leitfadens

Um den vielfältigen Anforderungen gerecht zu werden, sollte ein effektiver KI-Leitfaden für Gymnasien mindestens die folgenden fünf Dimensionen umfassen:

1. Pädagogisch-didaktischer Fokus

Im Zentrum steht die Frage, wie KI den Unterricht sinnvoll bereichern kann, ohne die Bildungsziele zu gefährden. Der Leitfaden sollte aufzeigen, wie KI zur Förderung von Kompetenzen genutzt werden kann, statt sie zu unterlaufen. Dabei geht es darum, welche Kernkompetenzen weiterhin von Menschen erworben werden müssen und wie KI als ergänzendes Werkzeug eingesetzt werden kann.

2. Ethische Dimension

Ein Gymnasium vermittelt Werthaltungen wie Ehrlichkeit, Eigenverantwortung und Datenschutz. Der Leitfaden muss seinerseits klare Prinzipien für akademische Integrität formulieren und Verantwortungsbewusstsein fördern. Lehrpersonen sollten einen ethisch reflektierten Umgang mit KI vorleben. Dazu gehören klare Regeln, die Missbrauch vorbeugen – z.B., dass KI-generierte Inhalte ohne deren Überprüfung nicht als eigene Leistung ausgegeben werden dürfen und dass Quellen oder KI-Hilfen offengelegt werden sollen.

3. Rechtliche Aspekte

Datenschutzbestimmungen, Urheberrechte und Jugendschutz müssen beachtet werden, besonders bei US-basierten KI-Diensten. Da Schulen mit besonders schützenswerten Personendaten Minderjähriger arbeiten, muss ein Leitfaden klarstellen, welche KI-Tools überhaupt eingesetzt werden dürfen. Viele KI-Dienste übertragen Daten in die Cloud oder ins Ausland. Der Leitfaden sollte erläutern, welche Daten eingegeben werden dürfen und welche nicht – z.B. sollen keine persönlichen Schülerdaten in einen externen Chatbot eingegeben werden.

4. Prüfungen und Leistungsbewertung

Ein besonders dringliches Thema ist die Anpassung der Leistungsbewertung im KI-Zeitalter. Ein Orientierungsrahmen sollte Hinweise bieten, welche Hilfsmittel in verschiedenen Lernsituationen sinnvoll eingesetzt werden können und wie eigenständiges Arbeiten weiterhin erkennbar bleibt. KI-Unterstützung muss in jedem Fall transparent gemacht werden.

5. Weiterbildung der Lehrpersonen

Da KI-Technologien neu und im steten Wandel sind, müssen Lehrpersonen kontinuierlich geschult und begleitet werden. Der Leitfaden sollte festhalten, welche Unterstützungsangebote bereitgestellt werden – z.B. Weiterbildungsseminare zu KI-Tools, schulinterne Workshops zum Erfahrungsaustausch oder die Einrichtung eines pädagogischen ICT-Supports mit KI-Expertise.

Umsetzungsbeispiel: Ein modularer Leitfaden für Gymnasien
Im Folgenden wird ein Muster vorgestellt, wie ein KI-Leitfaden für Gymnasien strukturiert sein könnte. Dieses Rahmenwerk dient als Diskussionsgrundlage und Ausgangspunkt für die Entwicklung schulspezifischer Richtlinien. Es ist bewusst allgemein gehalten, um Raum für Anpassungen entsprechend der jeweiligen Schulkultur, technischen Infrastruktur und pädagogischen Schwerpunkte zu lassen.

Der vorgeschlagene Leitfaden ist modular aufgebaut und deckt die zentralen Bereiche ab, in denen klare Regelungen benötigt werden: grundsätzliche Haltung der Schule zu KI, praktische Anwendung im Unterrichtsalltag, Umgang mit Leistungsnachweisen sowie Verantwortlichkeiten. Diese Struktur ermöglicht es Schulen, einzelne Module bei Bedarf anzupassen oder zu erweitern, ohne die Kohärenz des Gesamtdokuments zu gefährden.

Es ist zu betonen, dass ein solcher Leitfaden nicht in Stein gemeisselt sein sollte. Vielmehr handelt es sich um ein lebendes Dokument, das regelmässig – idealerweise jährlich – überprüft und an neue technologische Entwicklungen, didaktische Erkenntnisse und praktische Erfahrungen angepasst werden muss. Ein Evaluationsprozess, der Feedback von Lehrpersonen, Schüler*innen berücksichtigt, sollte daher fester Bestandteil der Implementierung sein.

Hier ein Beispiel, wie solche Leitlinien aussehen könnten:

*Die [Name der Schule] erkennt den weitreichenden Einfluss von Künstlicher Intelligenz (KI) auf Lehre und Lernen an. Diese Leitlinien legen einen verbindlichen Rahmen für den verantwortungsvollen, transparenten und didaktisch fundierten Einsatz von KI fest. Dabei stehen die Förderung kritischen Denkens und die Gewährleistung eigenständiger intellektueller Leistungen der Schüler*innen im Mittelpunkt.*

1. Grundsätze
1.1 Bildungsauftrag und Qualitätssicherung

- *Schüler*innen werden im kompetenten und kritischen Umgang mit KI geschult, um eine eigenständige Wissensaneignung zu sichern.*
- *Der Einsatz von KI soll den gymnasialen Bildungsauftrag unterstützen, indem er die Entwicklung von Problemlösekompetenz und Selbstreflexion fördert.*
- *Didaktisch ist sicherzustellen, dass KI als ergänzendes Werkzeug und nicht als Ersatz für eigene Denk- und Arbeitsprozesse dient.*

1.2 Datenschutz und Sicherheit

- *Die Datenschutzbestimmungen (DSG und DSV) sind einzuhalten. Folgende rechtlichen Rahmenbedingungen sind zu beachten: Datenschutz, Amtsgeheimnis und Urheberrecht.*
- *Personenbezogene Daten dürfen unter keinen Umständen in KI-Systeme eingegeben werden.*
- *Die meisten KI-Systeme dürfen im Unterricht ab dem 13. Lebensjahr verwendet werden. Die Erstellung eines persönlichen Accounts für KI-Dienste (z.B. OpenAI, Microsoft Copilot) ist jedoch ab diesem Alter nur mit Einwilligung der Erziehungsberechtigten möglich.*
- *Die Nutzung von KI-Tools im Unterricht kann auch ohne persönlichen Account erfolgen, beispielsweise über schulische Zugänge oder gemeinsam genutzte Ressourcen.*
- *Schüler*innen können einen eigenen Account für ein KI-System anlegen, werden jedoch nie dazu verpflichtet.*

2. Einsatz von KI im Unterricht
2.1 Lehrpersonen

- *Lehrpersonen werden ermutigt, KI-gestützte Tools zur Erstellung und Anpassung von Unterrichtsmaterialien zu nutzen. Dies ermö-*

glicht nicht nur eine gezielte didaktische Unterstützung, sondern auch wertvolle Erfahrungsgewinne im reflektierten Umgang mit KI-Technologien.

- *Der didaktische Einsatz von KI im Klassenverband muss einen klaren Mehrwert aufweisen und die Eigeninitiative der Schüler*innen fördern.*

2.2 Schüler*innen

- *Direkte KI-Beiträge (wie die unmittelbare Übernahme KI-generierter Texte, Analysen, Grafiken oder Übersetzungen) sind nicht zulässig und werden als Verstoss gegen die akademische Integrität gewertet.*
- *Indirekte KI-Beiträge (wie Unterstützung bei Recherche, Ideenfindung oder Strukturierung) sind erlaubt, müssen aber im Arbeitsprozess dokumentiert werden.*
- *Es wird ausdrücklich betont, dass KI niemals einen Ersatz für die eigene Arbeit darstellt, sondern stets als unterstützender Begleiter zu verstehen ist, der die individuelle Lernleistung ergänzt, jedoch nicht ersetzt.*

3. Bewertung von Leistungen

- *Die Nutzung von KI-Systemen zur automatisierten Benotung von Schüler*innen ist ausdrücklich untersagt, um eine individuelle und pädagogisch fundierte Leistungsbewertung zu gewährleisten.*
- *Bei der Beurteilung schriftlicher Arbeiten und Prüfungen wird explizit berücksichtigt, ob und in welchem Umfang KI genutzt wurde. Es gilt der Grundsatz: Bewertet und benotet wird ausschliesslich die eigenständige intellektuelle Leistung.*
- *Bei umfangreicheren Arbeiten (z. B. Maturaarbeiten) muss ein gesonderter Abschnitt zur Nutzung von KI-Tools enthalten sein. Dieser soll nachvollziehbar darlegen, welche KI-Systeme eingesetzt wurden, für welche Zwecke (z. B. Recherche, Ideenfindung, Sprachstilüberarbeitung) und in welchem Umfang sie die Arbeit beeinflusst haben. Dadurch bleibt transparent, welche Anteile der Arbeit eigenständig erarbeitet wurden.*

4. Evaluation und Weiterentwicklung

- *Die Leitlinien für den Einsatz von Künstlicher Intelligenz (KI) an der [Name der Schule] werden jährlich überprüft und an technologische sowie didaktische Entwicklungen angepasst.*
- *Interdisziplinäre Arbeitskreise und externe Kooperationen (z. B. mit Hochschulen) fördern den kontinuierlichen Austausch und die Weiterentwicklung fachspezifischer KI-Anwendungen.*

5. Verantwortlichkeiten
5.1 Schulleitung

- ***Technische und organisatorische Rahmenbedingungen:*** *Die Schulleitung ist verantwortlich für die Bereitstellung der erforderlichen Infrastruktur, die einen effektiven und verantwortungsvollen Einsatz von KI ermöglicht.*
- ***Datenschutz und Compliance:*** *Die Schulleitung überwacht die Einhaltung der rechtlichen Vorgaben (insbesondere DSG, DSV, Urheberrecht, Amtsgeheimnis) und stellt sicher, dass bei der Verwendung von KI keine personenbezogenen Daten rechtswidrig verarbeitet werden. Hierzu gehören auch klare Vorgaben für die Konfiguration schulischer Zugänge und die Sensibilisierung des Schulpersonals.*
- ***Fort- und Weiterbildungsangebote:*** *Die Schulleitung organisiert regelmässige Fortbildungsprogramme, um Lehrpersonen und Schüler*innen im kompetenten Umgang mit KI zu schulen.*
- ***Informationsfluss:*** *Die Schulleitung sorgt für die kontinuierliche Bereitstellung aktueller Informationen und fördert einen offenen, konstruktiven Dialog zu allen Aspekten des KI-Einsatzes.*

5.2 Fachschaften

- ***Fachspezifische Ausgestaltung:*** *Die Fachschaften fördern den Austausch über Best Practices und informieren sich laufend über KI-Anwendungen im Unterricht.*
- ***Fachspezifische Richtlinien:*** *Sie entwickeln Leitlinien für die Maturaarbeit und andere grössere Leistungsnachweise in ihren fachspezifischen Richtlinien, um den verantwortungsvollen Einsatz von KI sicherzustellen. Bei der Themenwahl wird darauf geachtet, dass eine fundierte und persönliche Auseinandersetzung mit dem Thema erforderlich ist, die nicht ausschliesslich durch KI-Generierung ersetzt werden kann.*

5.3 Lehrpersonen

- **Reflexion und Weiterbildung:** *Lehrpersonen bilden sich kontinuierlich im Bereich KI weiter und reflektieren sowohl die Potenziale als auch die Limitationen kritischer KI-Anwendungen.*
- **Wahrung von Datenschutz und Urheberrechten:** *Lehrpersonen sind dafür verantwortlich, keine personenbezogenen Daten, schutzwürdigen Inhalte oder urheberrechtlich geschütztes Material unzulässig in KI-Systeme einzugeben oder weiterzugeben.*
- **Förderung der intellektuellen Integrität:** *Lehrpersonen machen transparent, welche Aufgaben KI übernehmen darf und welche explizit die Eigenleistung der Schüler*innen darstellen. Verstösse gegen die akademische Redlichkeit werden entsprechend dem Prüfungsreglement geahndet.*

5.4 Schüler*innen

- **Datenschutzkonformes Arbeiten:** *Die Schüler*innen verpflichten sich, bei der Nutzung von KI-Systemen keine personenbezogenen Daten (z. B. von Mitschüler*innen, Lehrpersonen oder Dritten) einzuspeisen.*
- **Eigenständige Lernleistung:** *Sie übernehmen Verantwortung für ihre eigene Lern- und Arbeitsleistung, indem sie sich kritisch mit den Vorschlägen von KI-Systemen auseinandersetzen und diese nicht ungefiltert übernehmen.*
- **Dokumentation von KI-Beiträgen:** *Gemäss den Leitlinien (siehe Abschnitt 2.2) legen Schüler*innen offen, inwiefern KI-Tools bei Recherche, Ideenfindung oder Strukturierung zum Einsatz gekommen sind, damit die Eigenleistung nachvollziehbar bleibt.*
- **Intellektuelle Redlichkeit:** *Verstösse gegen die akademische Integrität (z. B. das Ausgeben KI-generierter Texte als eigene Arbeit) werden gemäss dem Prüfungsreglement sanktioniert.*

Schlussbestimmungen

Diese Leitlinien treten auf das Schuljahr [...] in Kraft und sind für alle Mitglieder der Schulgemeinschaft verbindlich. Eine jährliche Evaluation gewährleistet, dass sie stets den aktuellen Anforderungen und Entwicklungen gerecht werden.

Chancen und Risiken für die gymnasiale Bildung

Die Integration Künstlicher Intelligenz in Bildungsprozesse markiert eine kopernikanische Zeitenwende: Zum ersten Mal in der Geschichte des institutionalisierten Lernens steht Schüler*innenn ein System zur Verfügung, das nicht nur Wissen speichert und abruft, sondern eigenständig Texte verfasst, Aufgaben löst und sogar in einen dialogischen Austausch treten kann. Diese fundamentale Veränderung stellt das gymnasiale Bildungssystem vor die Herausforderung, seine grundlegenden Paradigmen zu überdenken.

Zentrale Fragen drängen sich auf: Wie verändert sich die Rolle des eigenständigen Denkens und Arbeitens, wenn KI-Systeme komplexe Aufgaben scheinbar mühelos bewältigen? Welche Bedeutung kommt dem Prozess des Lernens zu, wenn Endergebnisse algorithmisch generiert werden können? Und fundamentaler noch: Welche Kompetenzen müssen Gymnasiastinnen und Gymnasiasten entwickeln, um in einer Welt zu bestehen, in der künstliche und menschliche Intelligenz zunehmend verschmelzen?

Die Antworten auf diese Fragen werden massgeblich darüber entscheiden, ob KI zu einer Bereicherung gymnasialer Bildung wird oder ob sie – bei unreflektiertem Einsatz – zu einer Erosion fundamentaler Lernprozesse führt. Einerseits eröffnen sich durch KI-gestützte Werkzeuge neue Möglichkeiten der Individualisierung und kognitiven Entwicklung. Andererseits droht bei oberflächlicher Nutzung ein Verlust jener Fähigkeiten, die das Gymnasium traditionell kultiviert: tiefgreifendes Verständnis, kritische Reflexion, eigenständige Urteilskraft und Selbstständigkeit.

Diese Ambivalenz erfordert eine grundlegende Neubestimmung gymnasialer Bildungsziele im KI-Zeitalter. Im Zentrum steht dabei die Frage, welche Kompetenzen Lernende benötigen, um KI als Werkzeug für ihre intellektuelle und persönliche Entwicklung zu nutzen, statt zu passiven Konsument*innen algorithmisch generierter Inhalte zu werden. Im Folgenden werden zwölf Schlüsselkompetenzen vorgestellt, die das Fundament für einen zeitgemässen, lernwirksamen und ethisch reflektierten Unterricht mit KI bilden.

**Die zwölf überfachlichen Schlüsselkompetenzen
der gymnasialen Bildung:**

- Abstraktes Denken
- Selbstständiges Fragenstellen
- Kritisches Denken
- Quellen validieren
- Selbstmanagement und Selbstverantwortung
- Kommunikations- und Kooperationsfähigkeit
- Digitale und mediale Kompetenz
- Soziale und interkulturelle Kompetenz
- Kreativität und Problemlösekompetenz
- Ethisches Bewusstsein und Werteorientierung
- Menschliches Lernen verstehen
- Lebenslanges Lernen und Resilienz

1. Abstraktes Denken

1. Die Lernenden übertragen Einzelphänomene auf allgemeine Prinzipien und Konzepte.
2. Sie erkennen Muster und Strukturen in verschiedenen Kontexten und nutzen diese zur Problemlösung.

So kann KI den Lernprozess unterstützen

- **Mustererkennung**: Die Lernenden analysieren mit KI-Unterstützung grosse Datenmengen, um darin Muster zu erkennen. Diese Muster können sie dann auf einer abstrakteren Ebene diskutieren und einordnen.

- **Visualisierungen**: Die Lernenden nutzen KI-gestützte Visualisierungstools, um abstrakte Konzepte besser zu verstehen und zu kommunizieren.

Risiken beim KI-Missbrauch durch die Lernenden

- **Verlust des eigenständigen Transferdenkens**: Die Lernenden könnten sich darauf beschränken, fertige KI-Interpretationen zu übernehmen, statt eigene Verallgemeinerungen zu entwickeln. Dadurch verkümmert ihre Fähigkeit, selbstständig Verbindungen herzustellen.

- **Vernachlässigung qualitativer Aspekte**: Die Lernenden könnten sich zu sehr auf datenbasierte KI-Analysen verlassen und dabei wichtige qualitative Überlegungen ausser Acht lassen, die für ein tieferes Verständnis notwendig sind.

2. Selbstständiges Fragenstellen

1. Die Lernenden entwickeln vertiefende Fragestellungen (z. B. Warum-Fragen) und hinterfragen grundlegende Annahmen.
2. Sie initiieren eigene Forschungs- und Lernprozesse durch Planung und Umsetzung von Untersuchungen sowie die gezielte Erweiterung ihrer Interessen.

So kann KI den Lernprozess unterstützen

- **Impulsgeber**: Die Lernenden nutzen KI-generierte Ideen und offene Fragen als Ausgangspunkt für ihre ersten Recherchen oder Projektarbeiten.
- **Wissenslücken aufzeigen**: Die Lernenden lassen sich durch KI-gestützte Nachfragen oder Chat-Protokolle Unklarheiten aufzeigen und entwickeln daraus neue Fragestellungen.

Risiken beim KI-Missbrauch durch die Lernenden

- **Automatisierte Fragen statt eigener Impulse**: Die Lernenden könnten sich ausschliesslich auf KI-generierte Fragestellungen verlassen, statt das selbstständige Formulieren und Hinterfragen von Themen zu trainieren.
- **Verlust der Neugier**: Die Lernenden könnten sich zu sehr auf schnelle KI-Antworten verlassen und dadurch die Fähigkeit verlieren, echte forschende Neugier zu entwickeln und "gute Fragen" zu stellen.

3. Kritisches Denken

1. Die Lernenden sind in der Lage, Sachverhalte zu analysieren und zu bewerten, indem sie Quellen, Argumente und KI-Ergebnisse hinterfragen.
2. Sie reflektieren die Plausibilität und Validität von Informationen unter Berücksichtigung ethischer, gesellschaftlicher und wissenschaftlicher Perspektiven.

So kann KI den Lernprozess unterstützen

- **Automatisierte Analysen**: Die Lernenden nutzen KI-generierte Analysen grosser Datenmengen (z. B. Trends, Zusammenfassungen) als Ausgangspunkt für ihr eigenes Hinterfragen und Weiterdenken.
- **Argumentationshilfen**: Die Lernenden verwenden interaktive KI-Systeme (Chatbots, Diskussionsplattformen), um Pro- und Contra-Positionen zu erkennen und ihr Reflektieren sowie Gegenargumentieren zu trainieren.

Risiken beim KI-Missbrauch durch die Lernenden

- **Unkritische Übernahme**: Die Lernenden könnten KI-Ergebnisse ohne eigene Prüfung akzeptieren und dadurch den kritischen Prozess auslagern. Statt selbst zu recherchieren und abzuwägen, vertrauen sie blind auf die KI und verlieren die Fähigkeit, argumentative Stärken und Schwächen zu erkennen.

- **Fehlendes eigenständiges Denken**: Die Lernenden könnten sich auf eine rein outputorientierte KI-Nutzung beschränken ("Die KI hat das gesagt – das stimmt schon") und dadurch das aktive Hinterfragen von Quellen oder Aussagen vernachlässigen.

4. Quellen validieren

1. Die Lernenden überprüfen Herkunft, Zuverlässigkeit und Aktualität von Informationen.
2. Sie identifizieren potenzielle Verzerrungen (Bias), Filterblasen oder Fake News und gehen damit reflektiert um.

So kann KI den Lernprozess unterstützen

- **Automatisiertes Fact-Checking**: Die Lernenden nutzen spezialisierte KI-Anwendungen (z. B. Tools wie Snopes oder Google Fact Check Explorer) für eine erste Überprüfung von Quellen und Identifizierung grober Falschinformationen.

- **Text Mining**: Die Lernenden setzen KI-gestützte Systeme ein, um die Herkunft und den Stil von Texten zu analysieren und damit die Seriosität von Websites besser einschätzen zu können.

Risiken beim KI-Missbrauch durch die Lernenden

- **Verlass auf "was KI-sagt-das-ist-seriös"**: Die Lernenden könnten das automatisierte KI-Urteil ohne weitere Prüfung übernehmen, statt selbst die Herkunft, den Kontext und eventuelle Interessen hinter einer Quelle zu untersuchen. Dadurch umgehen sie den wichtigen Prozess des eigenständigen Quellenstudiums.

- **Vereinfachte Täuschung**: Die Lernenden könnten sich durch scheinbar glaubwürdige, aber unzutreffende KI-generierte Informationen ("KI-Halluzinationen") in falscher Sicherheit wiegen, wenn sie nicht lernen, Informationen selbstständig zu prüfen.

5. Selbstmanagement und Selbstverantwortung

1. Die Lernenden planen und organisieren ihren Lernprozess, setzen Prioritäten und nutzen geeignete Lernstrategien.
2. Sie reflektieren regelmässig ihren eigenen Lernfortschritt und übernehmen Verantwortung für das Erreichen ihrer Ziele.

So kann KI den Lernprozess unterstützen

- **Individuelle Lernpläne**: Die Lernenden nutzen KI-basierte Lernplattformen (z. B. Adaptive Learning Systems), um Übungen an ihren aktuellen Kenntnisstand anzupassen und Feedback zu ihren Stärken und Schwächen zu erhalten.
- **Organisations-Tools**: Die Lernenden setzen digitale Assistenten ein, um sich an Abgabetermine erinnern zu lassen und Vorschläge für effektive Lernintervalle zu bekommen.

Risiken beim KI-Missbrauch durch die Lernenden

- **Abhängigkeit**: Die Lernenden könnten sich zu sehr auf die KI-Planung verlassen und dadurch ihre Fähigkeit zur Selbstorganisation verlieren, indem sie nur noch vorgegebenen Lernpfaden folgen.
- **Fremdbestimmung**: Die Lernenden könnten durch blindes Befolgen von KI-Algorithmen ihre Fähigkeit zu selbstbestimmten Entscheidungen einbüssen und die Verantwortung für ihren Lernprozess an die KI abgeben.

6. Kommunikations- und Kooperationsfähigkeit

1. Die Lernenden kommunizieren präzise und überzeugend in mündlicher und schriftlicher Form.
2. Sie arbeiten konstruktiv im Team, lösen Konflikte und finden gemeinsame Ziele und Rollenverteilungen.

So kann KI den Lernprozess unterstützen

- **Sprachverbesserungen**: Die Lernenden nutzen KI-basierte Korrekturhilfen (Grammatik, Stil), um ihre Ausdrucksweise zu präzisieren und ihre Kommunikationsfähigkeit zu verbessern.
- **Virtuelle Projektumgebungen**: Die Lernenden setzen KI-gestützte Plattformen ein, um projektorientiertes Arbeiten durch automatisierte Aufgabenverteilung und Protokollführrung zu unterstützen.

Risiken beim KI-Missbrauch durch die Lernenden

- **Weniger echte Interaktion**: Die Lernenden könnten sich zu stark auf digitale Kommunikation fokussieren und dadurch die Weiterentwicklung ihrer Fähigkeiten zur direkten zwischenmenschlichen Gesprächs- und Konfliktlösung vernachlässigen.
- **Überschätzung KI-gestützter Vermittlung**: Die Lernenden könnten bei Meinungsverschiedenheiten zu schnell auf KI-basierte Vermittlung zurückgreifen, statt zu lernen, Konflikte eigenständig zu bewältigen und aufeinander einzugehen.

7. Digitale und mediale Kompetenz

1. Die Lernenden verwenden Recherchetools, digitale Lernumgebungen und verstehen grundlegende Funktionsweisen von Algorithmen.
2. Sie achten auf Datenschutz, Persönlichkeitsrechte und Urheberrecht und handeln sicherheitsbewusst im digitalen Raum.

So kann KI den Lernprozess unterstützen

- **Einstieg in Technologien**: Die Lernenden erwerben durch den praktischen Umgang mit KI-Werkzeugen ein grundlegendes Verständnis für den Aufbau und die Funktionsweise algorithmischer Systeme.
- **Erfahrung mit Datenschutz**: Die Lernenden machen durch KI-Anwendungen konkrete Erfahrungen mit Datenschutzfragen, etwa durch die Auseinandersetzung mit Nutzungsbedingungen oder die Visualisierung von Datenflüssen.

Risiken beim KI-Missbrauch durch die Lernenden

- **Nutzung ohne Hintergrundwissen**: Die Lernenden könnten sich auf eine rein outputorientierte Anwendung beschränken (z. B. "Ich lade den Text hoch, KI schreibt's fertig") und dadurch kein Verständnis für Techniken, Datenquellen oder mögliche Risiken entwickeln.
- **Fehlende Verantwortungsübernahme**: Die Lernenden könnten KI-Tools nur als "Black Box" verwenden und dadurch nicht lernen, Risiken wie Datenschutzverletzungen oder Profiling eigenständig einzuschätzen.

8. Soziale und interkulturelle Kompetenz

1. Die Lernenden übernehmen Verantwortung in der Gemeinschaft, fördern Solidarität und denken nachhaltig.
2. Sie zeigen Offenheit und Toleranz gegenüber unterschiedlichen Kulturen und Weltanschauungen.

So kann KI den Lernprozess unterstützen

- **Sprachmittlung**: Die Lernenden nutzen Übersetzungs- und Dolmetsch-Tools, um Einblicke in andere Sprachen und Kulturen zu gewinnen und dadurch ihre Offenheit für interkulturelle Begegnungen zu entwickeln.
- **VR- und Simulationsangebote**: Die Lernenden verwenden KI-getriebene virtuelle Umgebungen, um (in Grenzen) realitätsnahe Einblicke in andere Lebenswelten zu erhalten.

Risiken beim KI-Missbrauch durch die Lernenden

- **Künstliche Begegnungen**: Die Lernenden könnten sich zu sehr auf digitale Begegnungen verlassen und dadurch die Komplexität realer interkultureller Kommunikation (Gesichtsausdrücke, Körperhaltung, Tonfall) nicht erfahren.
- **Bias-Verstärkung**: Die Lernenden könnten durch die unreflektierte Nutzung von KI-Systemen unbewusst Stereotype und Vorurteile aus deren Trainingsdaten übernehmen und in ihre eigenen Denkweisen integrieren.

9. Kreativität und Problemlösekompetenz

1. Die Lernenden entwickeln innovative Ideen und unkonventionelle Lösungsansätze, z. B. in experimentellen Projekten.
2. Sie gehen analytisch und strukturiert vor, formulieren Hypothesen und reflektieren ihre Lösungswege.

So kann KI den Lernprozess unterstützen

- **Brainstorming-Generatoren**: Die Lernenden nutzen KI-generierte Vorschläge, Analogien und Assoziationen als Inspiration für ihren kreativen Prozess.
- **Rapid Prototyping**: Die Lernenden setzen generative KI (z. B. KI-Bilderzeugung) ein, um Ideen schnell zu visualisieren und darüber zu diskutieren.

Risiken beim KI-Missbrauch durch die Lernenden

- **Konfektionierte Ideen**: Die Lernenden könnten sich darauf beschränken, fertige KI-Lösungen (z. B. von Chatbots) zu übernehmen, statt ihre Fähigkeit zum eigenen kreativen Denken zu entwickeln ("Die KI macht's schon").

- **Passive Rezeption**: Die Lernenden könnten durch das häufige Übernehmen vorgefertigter KI-Lösungen ihre Fähigkeit verlieren, eigene Lösungswege und Perspektiven zu entwickeln.

10. Ethisches Bewusstsein und Werteorientierung

1. Die Lernenden berücksichtigen individuelle und globale Folgen ihres Handelns.
2. Sie diskutieren gesellschaftspolitische Fragestellungen (z. B. KI, Gentechnologie, Umweltethik) und entwickeln fundierte Positionen.

So kann KI den Lernprozess unterstützen

- **Dilemma-Simulationen**: Die Lernenden nutzen interaktive KI-Systeme, um hypothetische Entscheidungssituationen (z.B. selbstfahrende Autos, Umweltfragen) zu erkunden und daran Wertefragen zu diskutieren.
- **Perspektivwechsel**: Die Lernenden verwenden KI-gestützte Rollenspiele, um verschiedene moralische Standpunkte kennenzulernen und diese gegeneinander abzuwägen.

Risiken beim KI-Missbrauch durch die Lernenden

- **Unreflektiertes Outsourcing**: Die Lernenden könnten die KI als reine "Moralinstanz" nutzen ("was KI sagt, das ist richtig/falsch") und dadurch den wichtigen Lernprozess zur Entwicklung eigener ethischer Urteilsfähigkeit umgehen.
- **Manipulative Technologien**: Die Lernenden könnten durch den unreflektierten Umgang mit KI-Systemen anfällig werden für gezielte Meinungsbeeinflussung (z. B. durch Microtargeting in sozialen Medien).

11. Menschliches Lernen verstehen

1. Die Lernenden begreifen Lernen als aktiven Prozess, der Anwendung, Wiederholung und Reflexion erfordert.
2. Sie wissen, dass das Auslassen von Übungsphasen oder die vollständige Delegation an KI den Lernerfolg beeinträchtigt und zu oberflächlichem Verständnis führt.

So kann KI den Lernprozess unterstützen

- **Personalisierte Lernprofile**: Die Lernenden nutzen KI-generierte Hinweise zu individuellen Lernstrategien als Grundlage für ihre Selbsteinschätzung und Lernreflexion.
- **Fehleranalysen**: Die Lernenden verwenden algorithmische Auswertungen, um ihre typischen Fehlermuster zu erkennen und Missverständnisse gezielt zu klären.

Risiken beim KI-Missbrauch durch die Lernenden

- **Oberflächliches Lernen**: Die Lernenden könnten sich zu sehr auf KI-Korrekturen verlassen, ohne den Lernprozess selbst zu durchdringen, wodurch ihr tieferes Verständnis der Inhalte leidet.
- **Verminderte Übung**: Die Lernenden könnten der Versuchung erliegen, sämtliche Aufgaben an KI-Tools zu delegieren, wodurch sie die notwendige aktive Auseinandersetzung mit den Lerninhalten vermeiden.

12. Lebenslanges Lernen und Resilienz

1. Die Lernenden sind offen für kontinuierliche Weiterbildung und passen sich neuen Anforderungen an.
2. Sie entwickeln Strategien zur Fehlerkultur, üben den Umgang mit Misserfolgen und fördern ihre mentale Widerstandskraft.

So kann KI den Lernprozess unterstützen

- **Dauerhafte Anstösse:** Die Lernenden nutzen KI-basierte Lernplattformen, die kontinuierlich neue Inhalte bieten, Fortschritte und Defizite aufzeigen und zum Weiterlernen anregen.
- **Gamification:** Die Lernenden verwenden KI-gestützte Belohnungssysteme (Punkte, Levels), um ihre Lernmotivation aufrechtzuerhalten und den Weg zum lebenslangen Lernen zu entwickeln.

Risiken beim KI-Missbrauch durch die Lernenden

- **Extrinsische Motivation dominiert:** Die Lernenden könnten sich zu sehr von KI-gesteuerten Belohnungssystemen antreiben lassen und dadurch die Entwicklung ihrer intrinsischen Motivation und der eigenen Fehlerkultur vernachlässigen.
- **Vermeidung von Herausforderungen:** Die Lernenden könnten durch die Nutzung von KI-Systemen, die das Frustrationsniveau künstlich niedrig halten, zu wenig Erfahrung in der Bewältigung von Schwierigkeiten und Misserfolgen sammeln, was ihre Resilienz schwächen kann.

KI-Kompetenz als Bildungsauftrag

Wie bereiten wir Jugendliche auf eine Welt vor, in der künstliche Intelligenz nicht nur existiert, sondern aktiv mitgestaltet? KI-Kompetenz ist keine Zusatzqualifikation mehr, sondern eine Grundvoraussetzung für mündige Bürger*innen von morgen. Das Gymnasium steht vor der Aufgabe, einen neuen Bildungsauftrag anzunehmen – einen, der traditionelle Werte bewahrt und gleichzeitig die Tür zu einer technologisch transformierten Gesellschaft öffnet.

Was verstehen wir unter KI-Kompetenz?

KI-Kompetenz (AI Literacy) umfasst weit mehr als nur die Fähigkeit, mit ChatGPT einen Text zu erstellen oder Dall-E ein Bild generieren zu lassen. Nach Brent A. Anders[2] beinhaltet AI Literacy vier Schlüsselkomponenten:

1. **Bewusstsein** – Das Erkennen, dass KI bereits in zahlreichen Alltagsbereichen präsent ist und uns beeinflusst.
2. **Wissen** – Das Verständnis für die Funktionsweise, Möglichkeiten und Grenzen von KI.
3. **Fähigkeit** – Das praktische Wissen, wie man KI-Tools effektiv nutzt und mit ihnen interagiert.
4. **Kritisches Denken** – Die Fähigkeit, KI-Ergebnisse zu hinterfragen und ethische Implikationen zu reflektieren.

Im gymnasialen Kontext bedeutet KI-Kompetenz, dass Schüler*innen nicht nur wissen, wie sie KI-Tools bedienen, sondern auch verstehen, wann der Einsatz von KI sinnvoll ist, wie sie deren Ergebnisse kritisch bewerten und welche gesellschaftlichen Auswirkungen KI-Technologien haben können.

Warum brauchen Gymnasiast*innen KI-Kompetenzen?

Die Notwendigkeit von KI-Kompetenzen ergibt sich aus mehreren Faktoren:

1. Selbstbestimmtes Lernen und persönliche Entwicklung

KI-Tools können als leistungsstarke Lernhilfen dienen, bergen aber auch die Gefahr, oberflächliches Wissen zu fördern oder zu Abhängigkeiten zu führen. Gymnasiast*innen mit KI-Kompetenz können diese Werkzeuge gezielt zur Vertiefung ihres Lernens einsetzen, ohne dabei die kritische Eigenleistung zu vernachlässigen.

---

[2] Anders, Brend A. (2023): *The AI Literacy Imperative: Empowering Instructors & Students*. Sovorel Publishing.

2. Mündige Teilhabe an der Gesellschaft

KI-Systeme beeinflussen zunehmend gesellschaftliche Entscheidungsprozesse – von personalisierten Nachrichtenfeeds bis hin zu automatisierten Behördenentscheidungen. Nur wer KI versteht, kann kritisch hinterfragen, wie Algorithmen unser Leben prägen, und an demokratischen Debatten über deren Regulierung teilnehmen.

3. Vorbereitung auf die Arbeitswelt

Die beruflichen Landschaften, in die Gymnasiast*innen nach ihrem Abschluss eintreten werden, sind bereits heute von KI durchdrungen und werden es in Zukunft noch stärker sein. Ob Medizin, Rechtswissenschaften, Ingenieurwesen oder kreative Berufe – KI-Werkzeuge sind dabei, fast alle Branchen zu transformieren. Ein grundlegendes Verständnis von KI-Systemen wird daher zu einer Schlüsselqualifikation für die Beschäftigungsfähigkeit.

Was müssen Gymnasiast*innen konkret lernen?

Ein zeitgemässes Curriculum für KI-Kompetenz am Gymnasium sollte folgende Bereiche abdecken:

1. Technisches Grundverständnis

- Grundprinzipien maschinellen Lernens und neuronaler Netze
- Verständnis dafür, wie KI-Systeme aus Daten lernen und welche Auswirkungen die Qualität und Auswahl der Trainingsdaten haben
- Unterscheidung zwischen verschiedenen KI-Typen (z.B. Expertensysteme, Machine Learning, generative KI)

2. Praktische Anwendungskompetenz

- Effektives Prompt Engineering: Die Kunst, präzise Anweisungen für KI-Systeme zu formulieren
- Auswahl geeigneter KI-Tools für spezifische Aufgaben
- Integration von KI in eigene Projekte und Arbeitsabläufe
- Fähigkeit zur Kombination verschiedener KI-Anwendungen für komplexere Aufgaben

3. Kritisches und ethisches Urteilsvermögen

- Erkennen von KI-generierten Inhalten (Text, Bild, Audio, Video)
- Bewertung der Zuverlässigkeit von KI-Ergebnissen

- Verständnis für Bias und Fairness-Probleme in KI-Systemen
- Reflexion ethischer Fragen wie Datenschutz, Überwachung, Automatisierung und deren Auswirkungen auf Arbeitsplätze
- Diskussion gesellschaftlicher Fragen: Wer kontrolliert KI? Wer profitiert? Welche Risiken bestehen?

4. Metakognitive Fähigkeiten
- Bewusstsein für die eigenen kognitiven Prozesse im Vergleich zu KI
- Reflexion darüber, welche Denkaufgaben besser von Menschen und welche besser von KI erledigt werden
- Verständnis für die Bedeutung von Kreativität, Empathie und Werteorientierung als menschliche Fähigkeiten
- Strategien zur Vermeidung übermässiger Abhängigkeit von KI

KI als Kulturtechnik verstehen

KI sollte nicht nur als Werkzeug, sondern als grundlegende Kulturtechnik betrachtet werden – vergleichbar mit Lesen, Schreiben oder dem Internet. Wie diese früheren Technologien verändert KI fundamental, wie wir Wissen erzeugen, speichern und kommunizieren. Im Gymnasium müssen wir daher über die rein funktionale Nutzung hinausgehen und den kulturellen Kontext von KI vermitteln:
- Historische Entwicklung der KI und ihre Stellung in der Technologiegeschichte
- Kulturelle Repräsentationen von KI in Literatur, Film und Kunst
- Vergleich menschlicher und maschineller Intelligenz: Gemeinsamkeiten, Unterschiede, Grenzen
- Philosophische Dimensionen: Was bedeutet KI für unser Menschenbild und unser Verständnis von Intelligenz?

Wie kann KI-Kompetenz vermittelt werden?

Die Integration von KI-Kompetenz in den gymnasialen Unterricht erfordert durchdachte didaktische Ansätze:

1. Fächerübergreifende Integration

KI-Kompetenz sollte nicht auf den Informatikunterricht beschränkt bleiben, sondern in verschiedene Fächer integriert werden:
- **Deutsch/Sprachen**: Analyse KI-generierter Texte, Entwicklung präziser Prompts, Diskussion über die Zukunft des Schreibens

- **Mathematik/Informatik**: Grundlagen von Algorithmen, statistische Prinzipien hinter Machine Learning
- **Naturwissenschaften**: Anwendung von KI in der Forschung, Datenanalyse mit KI-Unterstützung
- **Sozialwissenschaften**: Gesellschaftliche Auswirkungen, ethische Fragen, Regulierung von KI, Datenanalyse mit KI-Unterstützung
- **Kunst**: Kreative Nutzung von KI-Tools, kritische Auseinandersetzung mit KI-generierter Kunst

2. Projektbasiertes Lernen

Die praktische Auseinandersetzung mit KI in konkreten Projekten fördert tieferes Verständnis in verschiedensten Bereichen, wie zum Beispiel:

- bei der Entwicklung eigener KI-gestützter Lösungen für reale Probleme
- bei interdisziplinären Projektwochen mit KI-Fokus
- in Forschungsprojekten zur lokalen Anwendung von KI (z.B. in der eigenen Stadt oder Schule)
- bei der kritischen Analyse existierender KI-Systeme und deren Auswirkungen

3. Ethiklabore und Simulationen

- Rollenspiele zu ethischen Dilemmata im Kontext von KI
- Simulationen von KI-basierten Entscheidungsprozessen und deren Auswirkungen
- Diskussionen über reale Fallbeispiele von KI-Einsatz und -Missbrauch

4. Dokumentation und Reflexion

- Reflexion über eigene Lernprozesse mit und ohne KI-Unterstützung
- Kritische Auseinandersetzung mit der eigenen KI-Nutzung

Herausforderungen und Lösungsansätze

Bei der Implementation von KI-Kompetenz im gymnasialen Kontext ergeben sich verschiedene Herausforderungen:

1. Qualifikation der Lehrkräfte

Viele Lehrpersonen verfügen selbst (noch) nicht über ausreichende KI-Kompetenz. Hier sind umfassende Weiterbildungsprogramme notwendig, die sowohl technisches Wissen als auch didaktische Konzepte vermitteln. Dabei sollte der Fokus auf Konzeptwissen liegen, nicht nur auf der Anwendung spezifischer Tools, da sich die Technologie rasch weiterentwickelt.

2. Zeitliche und curriculare Integration

Die gymnasialen Lehrpläne sind bereits dicht gepackt. Die Integration von KI-Kompetenzen erfordert entweder die Schaffung neuer Zeitgefässe oder die geschickte Verbindung mit bestehenden Lerninhalten. Hier ist eine sorgfältige Abwägung notwendig, welche traditionellen Inhalte möglicherweise reduziert werden können.

3. Technische Infrastruktur

Die Vermittlung praktischer KI-Kompetenz setzt eine entsprechende technische Ausstattung voraus. Schulen müssen über ausreichende Hardware und Zugänge zu relevanten KI-Plattformen verfügen, wobei auch Datenschutzfragen zu berücksichtigen sind.

4. Umgang mit Heterogenität

Schüler*innen bringen unterschiedliche Vorkenntnisse und Interessen im Bereich KI mit. Differenzierte Lernangebote, die sowohl Einsteiger als auch Fortgeschrittene ansprechen, sind erforderlich.

Konkrete Empfehlungen für Gymnasien

Basierend auf den bisherigen Überlegungen lassen sich folgende konkrete Empfehlungen für Gymnasien ableiten:

1. **Entwicklung eines schulweiten KI-Leitfadens**, der klare Richtlinien für den Einsatz von KI im Unterricht und bei Leistungsnachweisen festlegt.
2. **Einrichtung einer KI-Arbeitsgruppe** aus Lehrpersonen verschiedener Fachrichtungen, die curriculare Konzepte entwickelt und als Multiplikatoren fungiert.
3. **Stufenweise Implementation von KI-Modulen** in den bestehenden Fächern, beginnend mit Pilotprojekten in ausgewählten Klassen.
4. **Etablierung eines "KI-Projektjournals"** für grössere Arbeiten wie die Maturaarbeit, in dem die Schüler*innen transparent dokumentieren, wie KI eingesetzt wurde.
5. **Regelmässige Evaluation** der KI-Kompetenzentwicklung bei Schüler*innen und Anpassung der Massnahmen.

KI-Kompetenz als Bildungsauftrag

Die Vermittlung von KI-Kompetenz ist ein zentraler Bildungsauftrag des Gymnasiums im 21. Jahrhundert. Sie bereitet Schüler*innen nicht nur auf Studium und Beruf vor, sondern befähigt sie zur mündigen Teilhabe an einer zunehmend von KI durchdrungenen Gesellschaft. Dabei geht es nicht darum, Spezialist*innen auszubilden, sondern eine fundierte Grundbildung zu schaffen, die kritisches Denken, ethische Reflexion und praktische Anwendungskompetenz verbindet.

Die gymnasiale Bildung steht damit vor der Herausforderung, traditionelle Bildungsideale wie kritisches Denken, Urteilsfähigkeit und Selbstreflexion mit den Anforderungen des KI-Zeitalters zu verbinden. Dies ist keine einfache Aufgabe, aber eine, der wir uns stellen müssen, wenn wir unsere Schüler*innen angemessen auf ihre Zukunft vorbereiten wollen.

KI-Kompetenz bedeutet letztlich, die Möglichkeiten der Künstlichen Intelligenz zu nutzen, ohne ihre Grenzen zu vergessen – und dabei stets den Menschen und seine unverzichtbaren Fähigkeiten in den Mittelpunkt zu stellen. In diesem Sinne ist KI-Kompetenz nicht nur eine technische, sondern auch eine humanistische Bildungsaufgabe.

Aktive Steuerung beim KI-Einsatz

Im Kontext der aufgeführten Kompetenzen spielt die Lehrperson eine zentrale Rolle als Vermittlerin, Moderatorin und Impulsgeberin. Damit künstliche Intelligenz (KI) zu einer konstruktiven Bereicherung des gymnasialen Unterrichts wird und nicht zu einer bequemen „Abkürzung" ohne nachhaltigen Lerneffekt, können Lehrpersonen gezielt Rahmenbedingungen und Lernsettings gestalten. Nachfolgend einige Handlungsfelder und praxisnahe Ansätze:

1. Didaktische Leitplanken setzen

- **Zielorientierte Aufgabenstellungen**
  Statt offen zu lassen, ob Lernende KI ungefiltert nutzen, sollten Lehrpersonen Aufgaben so konzipieren, dass ein Mehrwert durch KI nur in Verbindung mit eigenem Denken entsteht. Beispielsweise können sie verlangen, dass die Schüler*innen Zwischenschritte dokumentieren (z. B. Recherche, Argumentationsaufbau, Reflexionsprozess) und die Ergebnisse der KI kritisch hinterfragen.

- **Transparente Lernziele**
  Den Lernenden sollte deutlich sein, welche Kompetenzen (z. B. Argumentation, Kreativität, Quellenkritik) im Vordergrund stehen und warum das blinde Übernehmen von KI-Resultaten diesen Kompetenzerwerb gefährdet. Wenn klar ist, dass etwa das Formulieren eigener Gedanken zentral für die Benotung und den Lernfortschritt ist, verringert sich die Versuchung, alle Arbeitsschritte an KI-Tools zu delegieren.

2. Transparenz der KI-Nutzung fordern

- **Eingebettete Reflexionsschritte**
  Lehrpersonen können verlangen, dass jede Verwendung von KI kenntlich gemacht wird: Zum Beispiel durch kurze Protokolle („KI-Rechercheprotokoll"), in denen die Schüler*innen angeben, wann sie ein KI-Tool verwendet haben, wie dessen Ergebnisse aussahen und wie sie diese verarbeitet bzw. hinterfragt haben.

- **Sichtbarmachung von Lernprozessen**
  Präsentationen, Portfolios oder Lernjournale, in denen die Lernenden ihren Denkweg und ihre Arbeitsschritte dokumentieren, helfen zu erkennen, welche Leistungen tatsächlich selbst erbracht wurden. So wird vermieden, dass ein fertiges KI-Ergebnis ohne Lernprozess übernommen wird.

3. Realitätsnahe Leistungsbewertung

- **Mehrdimensionale Beurteilungsformen**
  Prüfungs- und Bewertungsformate sollten Kompetenzen einfangen, die sich nicht rein durch KI-generierte Output-Artefakte abbilden lassen. Dazu gehören mündliche Prüfungen, Diskussionsrunden, Essays mit dokumentiertem Prozess oder Projektarbeiten, bei denen individuelle Beiträge erkennbar bleiben.

- **Prozessorientierte Nachweise**
  Ein Teil der Bewertung kann sich auf die Dokumentation des Lernprozesses stützen. So wird honoriert, wenn Lernende reflektiert mit KI umgehen, anstatt sich nur das „beste" (aber fremd erzeugte) Ergebnis zu sichern.

4. Aktive Übungsphasen stärken

- **Prozessorientierte Aufgabenformate**
  Lehrpersonen sollten Formate fördern, in denen der Weg zum Ergebnis wichtiger ist als das Endprodukt. Beispiele:
  - **Debattierclubs oder Diskussionsrunden**: Schüler*innen bereiten mithilfe von KI Pro- und Contra-Argumente vor, müssen diese aber in einer Diskussion kritisch prüfen und verteidigen.
  - **Schreibwerkstätten**: Ein Text wird iterativ erstellt und überarbeitet; KI kann nur als Inspiration oder Lektorat eingesetzt werden, nicht als Endproduzent.

- **Üben und Wiederholen**
  Auch im Zeitalter der KI bleibt das eigenständige Wiederholen und Einprägen essenziell. Lehrpersonen sollten „KI-freie" Phasen einplanen, etwa beim Vokabeln Lernen, beim Lesen von Originaltexten, bei Mathematik-Grundlagen oder beim Einüben argumentativer Strukturen, um ein fundiertes Verständnis der Materie aufzubauen.

5. Bewusstsein für Verantwortung schärfen und eine konstruktive Fehlerkultur fördern

- **Eigenen Lernprozess gestalten**
  Schüler*innen sollen verstehen, dass nur sie selbst Verantwortung für ihren Lernerfolg tragen. KI kann helfen, Wissenslücken zu erkennen oder neue Perspektiven zu eröffnen, ersetzt aber nicht die aktive Auseinandersetzung mit dem Stoff. Die Lehrperson sollte

diese Erkenntnis immer wieder betonen und entsprechende Lern-
gelegenheiten schaffen.

- **Fehler als Lernchance**
  Wer KI-Ergebnisse lediglich übernimmt, um Fehler zu vermeiden,
  entzieht sich dem produktiven Umgang mit eigenen Schwächen
  und Irrtümern. Lehrpersonen sollten Fehlversuche positiv ansprechen: „Was haben wir aus diesem missglückten Versuch gelernt?".

6. Kontinuierliche Weiterbildung der Lehrpersonen und kollegialer Austausch

- **Gemeinsame Standards im Kollegium**
  Um uneinheitliche Regelungen und Missverständnisse zu vermeiden, sollten Lehrpersonen gemeinsam Leitlinien zum KI-Einsatz
  entwickeln. Hierzu gehören klare Vorgaben zur Transparenz der
  KI-Nutzung und abgestimmte Bewertungsprinzipien.
- **Fortbildungen und Konzeptwissen**
  Lehrpersonen brauchen Raum, um sich über Erfahrungen, gelun-
  gene Unterrichtskonzeptionen und Stolpersteine beim KI-Einsatz
  auszutauschen. Gemeinsame Workshops, schulinterne Fortbildungen oder interdisziplinäre Projekte helfen, bestmögliche Szenarien für den Einsatz von KI zu gestalten.

Die Integration von KI in den gymnasialen Unterricht markiert einen funda-
mentalen Wendepunkt in der Bildungsgeschichte. Die zentrale Herausforderung liegt darin, KI so in den Lernprozess zu integrieren, dass sie die
zwölf Schlüsselkompetenzen nicht ersetzt, sondern deren Entwicklung gezielt unterstützt. Lehrpersonen nehmen dabei eine Schlüsselrolle ein: Sie
müssen Lernsettings gestalten, die KI als Katalysator für vertieftes Verständnis und kritisches Denken nutzen, statt sie zur oberflächlichen Aufgaben-
bewältigung zu missbrauchen.

Erfolgreicher KI-Einsatz im Gymnasium bedeutet:

- Die Bewahrung des eigenständigen Denkens und der aktiven
  Auseinandersetzung mit Lerninhalten
- Die Entwicklung eines reflektierten Umgangs mit KI-Werkzeugen
- Die Förderung von Metakompetenzen wie Quellenvalidierung
  und ethischer Reflexion
- Die Stärkung der Verantwortung für den eigenen Lernprozess

Nur wenn diese Aspekte konsequent berücksichtigt werden, kann KI ihr transformatives Potenzial für die gymnasiale Bildung entfalten. Das Ziel muss sein, Schüler*innen zu befähigen, in einer zunehmend von KI geprägten Welt nicht nur zu bestehen, sondern diese aktiv und verantwortungsvoll mitzugestalten. Dies erfordert einen kontinuierlichen Dialog zwischen Lehrenden, Lernenden und Bildungsverantwortlichen sowie die stetige Weiterentwicklung didaktischer Konzepte.

Die Zukunft der gymnasialen Bildung wird massgeblich davon abhängen, ob es gelingt, KI als Verstärker statt als Ersatz menschlicher Intelligenz zu etablieren. Dabei gilt es, traditionelle Bildungsideale wie Mündigkeit und kritisches Denken mit den Möglichkeiten der KI in Einklang zu bringen. Nur so können wir eine Generation heranbilden, die technologische Innovationen nicht nur nutzt, sondern auch deren Grenzen und ethische Implikationen versteht.

Die Rolle der Lehrpersonen: Wandel und Kontinuität

Die gymnasiale Bildung steht vor einer besonderen Herausforderung: Sie soll Lernende auf ein Hochschulstudium vorbereiten und muss daher neben fachlichen Inhalten auch wissenschaftliche Arbeitsweisen vermitteln. Mit dem Aufkommen von KI-Systemen wie ChatGPT verändert sich dieser Bildungsauftrag nicht grundsätzlich, wohl aber die Art seiner Umsetzung und die Rolle der Lehrperson in diesem Prozess.

Besondere Anforderungen auf der Gymnasialstufe

Das Gymnasium nimmt im Bildungssystem eine Sonderstellung ein. Einerseits zielt es auf die allgemeine Studierfähigkeit ab – die Absolventinnen und Absolventen sollen befähigt werden, jedes Hochschulstudium aufnehmen zu können. Andererseits ist der Fächerkanon ausserordentlich breit: Von Sprachen über Naturwissenschaften bis hin zu musischen Fächern werden zahlreiche Disziplinen auf anspruchsvollem Niveau unterrichtet. Diese Breite und Tiefe lässt sich nicht allein durch selbstorganisiertes Lernen bewältigen.

Künstliche Intelligenz mag zwar Wissen in nie dagewesener Breite und Geschwindigkeit bereitstellen können, doch fehlt ihr das tiefe Verständnis für die Zusammenhänge zwischen den Disziplinen. Genau hier liegt eine zentrale Aufgabe der Gymnasiallehrperson: Verbindungen zwischen Wissensgebieten herzustellen, wissenschaftliche Denk- und Arbeitsweisen zu vermitteln und die kritische Auseinandersetzung mit Inhalten zu fördern.

Die wachsende Leistungsschere als didaktische Herausforderung

Eine bedeutsame Entwicklung, die sich durch KI-Systeme noch verstärken dürfte, ist die zunehmende Heterogenität in gymnasialen Lerngruppen. Die Leistungsschere innerhalb einer Klasse wird sich voraussichtlich weiter öffnen: Leistungsstarke Schüler*innen, die intrinsisch motiviert sind und über gute Lernstrategien verfügen, können KI-Tools gezielt zur Vertiefung ihrer Kenntnisse und zur effizienteren Erarbeitung komplexer Themen nutzen.

Leistungsschwächere Lernende hingegen stehen in der Gefahr, durch oberflächliche KI-Nutzung scheinbare Abkürzungen zu suchen und dabei grundlegende Lernprozesse auszulassen. Sie riskieren, in eine passive Konsumhaltung zu verfallen oder durch die Vielfalt der Möglichkeiten überfordert zu werden. Ohne gezielte Unterstützung könnten sich ihre Defizite somit noch verstärken.

Diese wachsende Heterogenität erfordert von Gymnasiallehrpersonen ein hohes Mass an diagnostischer Kompetenz und didaktischer Flexibilität. Sie müssen in der Lage sein, je nach Lerngruppe und individuellem Bedarf unterschiedliche Unterrichtsszenarien zu gestalten:

- Für leistungsstarke Schüler*innen: Anspruchsvolle, offene Aufgabenformate, bei denen KI als Werkzeug genutzt, aber durch eigenes kritisches Denken ergänzt werden muss
- Für leistungsschwächere Lernende: Stärker strukturierte Lernumgebungen mit klaren Orientierungshilfen und gezielter Unterstützung bei der sinnvollen Integration von KI-Werkzeugen

Der Gymnasiallehrer als Motivator und Vorbild

In einer Zeit, in der Faktenwissen per Knopfdruck verfügbar ist, gewinnt die Rolle der Lehrperson als Motivator zentrale Bedeutung. Im Gymnasium, wo abstrakte und komplexe Inhalte oft erst nach längerer Auseinandersetzung durchdrungen werden können, ist die Fähigkeit, Begeisterung zu wecken und auch bei Schwierigkeiten durchzuhalten, essenziell für den Lernerfolg. Die Gymnasiallehrperson der Zukunft muss vor allem eines können: Den Funken der Begeisterung für ihr Fach überspringen lassen. Sie muss durch ihr eigenes Engagement und ihre Leidenschaft für den Gegenstand vermitteln, warum es sich lohnt, tiefer einzudringen – auch wenn der Weg dorthin mitunter mühsam ist. Eine echte, persönliche Beziehung zum Fach lässt sich nicht durch noch so eloquente KI-Outputs ersetzen.

Dabei kommt der Lehrperson auch eine wichtige Vorbildfunktion zu. In ihrem eigenen Umgang mit KI und technologischem Wandel demonstriert sie, wie man neue Herausforderungen annehmen kann, ohne sich von ihnen überwältigen zu lassen. Wenn Gymnasiallehrpersonen selbst Neugierde, Offenheit und reflektierte Skepsis vorleben, prägen sie damit auch die Haltung ihrer Schüler*innen.

Fachexpertise bleibt unverzichtbar

Trotz aller Veränderungen bleibt eines konstant: Die fundierte fachliche Expertise der Gymnasiallehrperson ist auch im KI-Zeitalter unverzichtbar. Gerade weil KI-Systeme mitunter beeindruckend klingenden, aber inhaltlich fehlerhaften oder oberflächlichen Output liefern können, braucht es Lehrpersonen mit tiefem Fachwissen, die Fehler erkennen, einordnen und korrigieren können.

Die fachliche Souveränität der Lehrperson vermittelt Schüler*innen zudem Zuversicht und Sicherheit. In einer Welt, in der KI-Systeme zunehmend als "allwissend" wahrgenommen werden könnten, ist es beruhigend zu wissen, dass Menschen mit entsprechender Expertise diese Systeme kritisch prüfen und einordnen können. Diese Zuversicht ist besonders wichtig, um einer fatalistischen Haltung entgegenzuwirken, die eigene Denkleistung sei angesichts der scheinbaren KI-Überlegenheit bedeutungslos.

Balance zwischen Tradition und Innovation

Die Gymnasiallehrperson der Zukunft muss eine anspruchsvolle Balance finden: zwischen bewährten pädagogischen Prinzipien und innovativen Ansätzen, zwischen der Vermittlung kanonischen Wissens und der Förderung kreativer Problemlösung, zwischen akademischer Strenge und motivierender Offenheit.

Konkret bedeutet dies, dass Gymnasiallehrpersonen:

- Bewährte fachliche Standards hochhalten und gleichzeitig neue Vermittlungswege erkunden.
- Traditionelles "handwerkliches" Wissen (z.B. mathematische Beweise führen, Texte interpretieren) pflegen und ergänzend den reflektierten Einsatz von KI-Tools fördern.
- Die allgemeine Studierfähigkeit als Leitprinzip bewahren, aber die dafür nötigen Kompetenzen zeitgemäss definieren.

Neue Kompetenzen für Gymnasiallehrpersonen

Neben ihrer klassischen Fachexpertise benötigen Gymnasiallehrpersonen im KI-Zeitalter zusätzliche Kompetenzen:

- **KI-Literacy**: Ein grundlegendes Verständnis der Funktionsweise, Möglichkeiten und Grenzen von KI-Systemen ist unerlässlich, um deren sinnvolle Integration in den Unterricht zu gewährleisten. Lehrpersonen müssen verstehen, wie diese Systeme funktionieren, welche Art von Aufgaben sie gut bewältigen können und wo ihre Grenzen liegen.
- **Adaptionsfähigkeit**: Da sich KI-Tools rasant weiterentwickeln, müssen Lehrpersonen bereit sein, kontinuierlich zu lernen und ihre Unterrichtspraxis anzupassen. Diese Flexibilität ist nicht nur praktisch notwendig, sondern hat auch Vorbildcharakter für die Schüler*innen.
- **Mediationskompetenz**: Als Vermittler*in zwischen den Lernenden und der komplexen Welt des Wissens und der Technologie müssen Gymnasiallehrpersonen in der Lage sein, sinnvolle Lernwege durch die Informationsflut zu bahnen und den reflektierten Umgang mit KI-Tools zu fördern.
- **Diagnostische Schärfe**: Um der wachsenden Heterogenität gerecht zu werden, brauchen Lehrpersonen ein geschärftes Auge für individuelle Lernprozesse, Stärken und Schwächen. Sie müssen

erkennen können, wann ein Schüler KI-Tools produktiv nutzt und wann er sie als Ersatz für eigenes Denken missbraucht.

Das Gymnasium als Labor für reflektierten KI-Einsatz

Das Gymnasium kann und sollte ein Ort sein, an dem der reflektierte Umgang mit KI beispielhaft erprobt und vorgelebt wird. Hier können junge Menschen lernen, KI als Werkzeug zu nutzen, ohne sich von ihr abhängig zu machen. Sie können erfahren, wie man von den Möglichkeiten der Technologie profitiert, ohne kritisches Denken und eigenständige Urteilsbildung aufzugeben.

Gymnasiallehrpersonen kommt dabei eine Schlüsselrolle zu: Sie gestalten Lernumgebungen, in denen die produktive Auseinandersetzung mit KI gefördert wird. Sie regen zur Reflexion darüber an, wie KI das Lernen und Arbeiten verändert. Und sie vermitteln eine Haltung, die weder in unkritische Technikeuphorie noch in pauschale Ablehnung verfällt, sondern auf informierter Abwägung beruht.

Menschlichkeit als Alleinstellungsmerkmal

In einer Zeit, in der KI immer mehr kognitive Aufgaben übernehmen kann, wird die menschliche Dimension des Unterrichtens zum entscheidenden Alleinstellungsmerkmal der Lehrperson. Gymnasiallehrpersonen werden auch in Zukunft unersetzlich sein – nicht primär als Vermittler von Faktenwissen, sondern als:

- Vorbilder, die authentische Begeisterung für ihr Fach ausstrahlen
- Mentor*innen, die individuelle Lernwege begleiten und zum Durchhalten motivieren
- Kritische Geister, die zur Reflexion anregen und wissenschaftliche Standards vermitteln
- Vertrauenspersonen, die Orientierung geben in einer zunehmend komplexen Welt

Das Gymnasium der Zukunft wird technologisch hochgerüstet sein, aber seinen Bildungsauftrag nur erfüllen können, wenn seine Lehrpersonen neben fachlicher und didaktischer Kompetenz vor allem eines mitbringen: die Fähigkeit, junge Menschen zu inspirieren, zu fördern und zu fordern und in ihrer intellektuellen und persönlichen Entwicklung zu begleiten. Diese zutiefst menschliche Aufgabe kann und wird keine KI übernehmen.

Eine sich öffnende Leistungsschere

Im gymnasialen Kontext kristallisieren sich bereits heute zwei grundlegend verschiedene Nutzungstypen heraus:

Die strategischen KI-Integrierer*innen: Diese Schüler*innen haben KI als kognitiven Partner in ihren Lernprozess integriert. Sie nutzen ChatGPT, Claude oder andere KI-Systeme, um ihr Verständnis zu vertiefen, alternative Erklärungsansätze zu erkunden oder komplexe Zusammenhänge zu visualisieren. Charakteristisch für diese Gruppe ist, dass sie KI nicht als Ersatz, sondern als Ergänzung des eigenen Denkens betrachtet. Sie verwenden beispielsweise KI-Tools, um:

- Lernprozesse zu strukturieren und zu planen
- Mehrere Perspektiven zu einem Thema zu erhalten
- Gezielt Verständnislücken zu schliessen
- Komplexe Themen in verständliche Teilschritte zu zerlegen
- Eigene Gedanken zu testen und weiterzuentwickeln

Die passiven KI-Konsument*innen: Im Gegensatz dazu tendiert diese Gruppe dazu, KI als Arbeitserleichterung oder sogar als Ersatz für eigenständiges Denken einzusetzen. Sie nutzen KI primär, um Aufgaben mit minimalem Aufwand zu erledigen – sei es durch das Generieren kompletter Aufsätze oder das unreflektierte Übernehmen von KI-Lösungen für Mathematikaufgaben. Diese Schüler*innen entwickeln eine problematische Abhängigkeit, die langfristig ihre kognitiven Fähigkeiten eher schwächt als stärkt. Typische Verhaltensmuster sind:

- Direkte Übernahme von KI-Ausgaben ohne kritische Prüfung
- Vermeidung kognitiv anspruchsvoller Aufgaben durch KI-Delegation
- Fehlende Auseinandersetzung mit den zugrundeliegenden Konzepten
- Hauptfokus auf Effizienz statt auf Lerngewinn

Konsequenzen für die Leistungsentwicklung

Diese unterschiedlichen Nutzungsmuster verstärken bestehende Leistungsunterschiede erheblich:

Schüler*innen, die KI strategisch einsetzen, erweitern ihr Wissen und ihre Fähigkeiten exponentiell. Sie nutzen KI, um über den Lehrplan hinauszudenken, interdisziplinäre Verbindungen herzustellen und sich mit fortgeschrittenen Konzepten auseinanderzusetzen. Durch die intelligente Kombination von eigenem Denken und KI-Unterstützung entwickeln sie eine Meta-Kompetenz, die in der universitären Bildung und im Berufsleben zunehmend gefragt sein wird.

Im Gegensatz dazu geraten passive KI-Konsument*innen in eine Entwicklungssackgasse. Während sie kurzfristig von scheinbar guten Resultaten profitieren können, untergräbt ihr Ansatz langfristig die Entwicklung grundlegender Denkfähigkeiten und Wissensstrukturen. Dies zeigt sich besonders deutlich in Prüfungssituationen, in denen KI nicht zur Verfügung steht, oder bei komplexen Aufgaben, die ein tiefes konzeptionelles Verständnis erfordern.

Die Folge ist eine zunehmende Polarisierung: Während die "KI-Integrierer*innen" ihre Kompetenzen stetig ausbauen und in eine positive Feedback-Schleife eintreten, in der Erfolg zu mehr Motivation und damit zu weiteren Erfolgen führt, erleben die "KI-Konsument*innen" zunehmende Frustration, wenn ihre Strategie in anspruchsvolleren Kontexten versagt.

Die intrinsische Motivation wird noch wichtiger

Im KI-Zeitalter wird intrinsische Motivation zum entscheidenden Differenzierungsfaktor zwischen erfolgreichen und weniger erfolgreichen Gymnasiast*innen. Dies markiert einen bedeutsamen Wandel im Bildungsparadigma:

Während im traditionellen Bildungskontext extrinsische Motivatoren wie Noten, Abschlüsse oder elterlicher Druck oft ausreichten, um Schüler*innen zu kontinuierlicher Leistung zu bewegen, bietet KI nun die Möglichkeit, viele schulische Anforderungen mit minimalem Einsatz zu erfüllen. Die äusseren Anreize bleiben konstant, während die notwendige Anstrengung scheinbar sinkt – mit dem Ergebnis, dass extrinsische Motivation allein nicht mehr ausreicht, um tiefgreifendes Lernen zu gewährleisten.

Intrinsisch motivierte Schüler*innen hingegen, die von genuinem Interesse, Neugier und dem Wunsch nach Kompetenzerleben angetrieben werden, nutzen KI als Katalysator für ihre intellektuelle Entwicklung. Sie erkennen intuitiv, dass der Wert des Lernens nicht im oberflächlichen Ergebnis, sondern im Prozess und im tiefen Verständnis liegt.

Neue Motivationsprofile

Im gymnasialen Alltag werden zunehmend differenzierte Motivationsprofile erkennbar:

- **Die autonom Lernenden:** Diese Schüler*innen verfügen über ein hohes Mass an Selbstregulation und intrinsischer Motivation. Sie setzen sich eigenständige Lernziele, die über die formalen Anforderungen hinausgehen, und nutzen KI gezielt als Werkzeug, um diese zu erreichen. Charakteristisch ist ihr Wunsch, Zusammenhänge wirklich zu verstehen, statt nur Aufgaben zu erledigen. Ihre Motivation speist sich aus persönlichem Interesse, intellektueller Neugier und einem ausgeprägten Kompetenzstreben.

- **Die strategischen Pragmatiker*innen:** Diese Gruppe wird von einer Mischung aus intrinsischen und extrinsischen Faktoren angetrieben. Sie sind primär an guten Leistungen und effizienter Zielerreichung interessiert, erkennen aber, dass dies ein genuines Verständnis erfordert. Sie nutzen KI selektiv – für Routineaufgaben als Arbeitserleichterung, bei anspruchsvollen Inhalten jedoch als Lernpartner. Ihre Motivation ist zweckorientiert, aber sie haben verstanden, dass oberflächliches Lernen mit KI-Unterstützung langfristig nicht zum Erfolg führt.

- **Die minimalistischen Anpasser*innen:** Diese Schüler*innen sind primär extrinsisch motiviert und auf kurzfristige Zielerreichung mit minimalem Aufwand fokussiert. Sie nutzen KI hauptsächlich, um Anforderungen formal zu erfüllen, ohne tieferes Interesse am Lerninhalt. Ihre Strategie ist auf Effizienz ausgerichtet, vernachlässigt aber den Aufbau nachhaltiger Kompetenzen. In Situationen, die eigenständiges Denken erfordern, stossen sie zunehmend an Grenzen.

- **Die digitalen Abgehängten:** Eine besonders problematische Entwicklung betrifft Schüler*innen, die weder über ausreichende intrinsische Motivation noch über effektive KI-Nutzungsstrategien verfügen. Sie erleben eine doppelte Benachteiligung: Einerseits fehlt ihnen der innere Antrieb für tiefgreifendes Lernen, andererseits können sie nicht einmal die oberflächlichen Vorteile von KI wirksam nutzen. Diese Gruppe droht im KI-Zeitalter besonders ins Hintertreffen zu geraten.

Die Verteilung dieser Profile wird massgeblich darüber entscheiden, ob KI zu einer Vergrösserung oder Verkleinerung der Leistungsschere am Gymnasium führt. Die zentrale Erkenntnis lautet: KI verstärkt bestehende Tendenzen. Schüler*innen mit hoher intrinsischer Motivation, ausgeprägter Selbstregulation und strategischem Denken werden durch KI zusätzlich befähigt. Jene mit geringerer Motivation und weniger entwickelten Lernstrategien drohen hingegen in eine problematische Abhängigkeit zu geraten, die ihre langfristige Entwicklung beeinträchtigt.

Das Gymnasium der Zukunft muss daher bewusst Lernumgebungen schaffen, die intrinsische Motivation wecken, strategischen KI-Einsatz fördern und sicherstellen, dass KI als Ermächtigung und nicht als Ersatz für eigenständiges Denken verstanden wird. Nur so kann es gelingen, dass KI zu einem Instrument wird, das allen Gymnasiast*innen zugutekommt – unabhängig von ihren individuellen Voraussetzungen und Ausgangsbedingungen.

Der Advanced Voice Mode: ein Blick in die Zukunft

Während wir uns in dieser Schrift nicht auf einzelne KI-Tools konzentrieren, lohnt ein kurzer Blick auf den Advanced Voice Mode als Fenster in die Zukunft. Er verändert grundlegend, wie wir mit Künstlicher Intelligenz interagieren werden – gerade im schulischen Kontext.

Wir alle erinnern uns, wie eigenartig es wirkte, als wir erstmals den Cursor mit einer Maus bedienten oder einen Touchscreen nutzten. Die anfängliche Unbeholfenheit, das Zögern – und wie schnell es zur Selbstverständlichkeit wurde. Heute können wir uns kaum vorstellen, dass es einmal anders war. Genau das geschieht mit dem Advanced Voice Mode. Vielen kommt es noch eigenartig vor, mit einer Maschine zu sprechen. In wenigen Jahren wird das das Normalste auf dieser Welt sein.

Der Griff zum Handy wird zum Normalfall

Schon heute ist das Smartphone für Schüler*innen das erste Hilfsmittel bei Fragen. Statt in Büchern nachzuschlagen oder Mitschüler zu fragen, wird gegoogelt oder ChatGPT konsultiert. Mit dem Advanced Voice Mode verstärkt sich dieser Trend erheblich:

- Keine umständliche Texteingabe mehr – einfach sprechen
- Der Kamera zeigen, was man nicht versteht
- Den Bildschirm teilen und direkte Hilfe erhalten

Die Barriere zur KI-Nutzung sinkt damit auf ein Minimum. Ein kurzes "Hey, kannst du mir das erklären?" reicht, um Unterstützung zu erhalten – sei es zur Bedienung einer neuen Filmkamera, zum Verständnis eines mathematischen Problems oder zur Planung eines Chemie-Experiments.

Diese nahtlose Integration verändert das Lernen fundamental:
Als persönlicher Nachhilfelehrer: "Schau mal auf diese Gleichung – ich verstehe den zweiten Schritt nicht." Die KI sieht das Problem durch die Kamera und erklärt Schritt für Schritt.

Als Ideengenerator: "Lass uns über mögliche Themen für meine Maturaarbeit sprechen" – ein mündliches Brainstorming mit anschliessender strukturierter Zusammenfassung.

Als Lernbegleiter: "Hör mir zu, wie ich diesen Text auf Französisch vorlese und korrigiere meine Aussprache."

Herausforderungen für den Unterricht

Diese Entwicklung stellt Schulen vor konkrete Herausforderungen:

1. **Ständige Verfügbarkeit:** Wenn Hilfe jederzeit und überall nur einen Sprachbefehl entfernt ist, verschwimmt die Grenze zwischen eigenständigem und unterstütztem Lernen.
2. **Abhängigkeit:** Schüler*innen könnten verlernen, selbständig Lösungsstrategien zu entwickeln, wenn KI stets den einfacheren Weg bietet.

Was bedeutet das für den Schulalltag?

Statt diese Entwicklung zu bekämpfen, müssen wir den Unterricht neu denken:

1. **Aufgabenstellungen anpassen:** Wie sollten nicht mehr fragen "Was ist die Lösung?", sondern "Erkläre, warum diese Lösung sinnvoll ist" oder "Vergleiche verschiedene Lösungswege".
2. **KI-Integration statt Verbote:** Gezielte Einbindung der Technologie mit klaren Regeln – etwa "In dieser Phase darfst du den Voice Mode nutzen, in jener nicht".
3. **Fokus auf Kompetenzen:** Verstärkte Förderung von Fähigkeiten, die selbst fortschrittliche KI nicht ersetzen kann: kritisches Denken, kreative Problemlösung, ethische Reflexion und soziale Interaktion.

Der Advanced Voice Mode ist ein Vorbote der kommenden Mensch-KI-Beziehung: natürlich, unmittelbar und allgegenwärtig. Wenn Schüler*innen künftig mit ihrer KI so selbstverständlich sprechen wie mit Mitschülern, ändert sich der Charakter des Lernens grundlegend. Diese Entwicklung erfordert keine Panik, sondern ein proaktives Umdenken – mit dem Ziel, junge Menschen zu befähigen, KI als Werkzeug zu nutzen, ohne von ihr abhängig zu werden.

Vom Spickzettel zur Künstlichen Intelligenz

Wahrscheinlich wird bereits so lange gespickt, wie es an Schulen Prüfungen gibt. Mit dem Aufkommen moderner elektronischer Hilfsmittel und künstlicher Intelligenz hat sich jedoch die Art und Weise, wie Schüler*innen unerlaubt Hilfe in Anspruch nehmen können, grundlegend verändert. Die traditionellen Methoden wie das Notieren einer mathematischen Formel auf dem Arm oder das Verstecken von Zetteln im Etui sind weitgehend obsolet geworden. Heutzutage ist auch beim Spicken Hightech angesagt.

Der grundlegende Wandel der Betrugsmethoden

Der entscheidende Unterschied zwischen klassischen und modernen Betrugsmethoden liegt im Umfang der möglichen unerlaubten Hilfe:

Klassisches Spicken (analog):

- Begrenzte Informationsmenge (einzelne Formeln, Stichworte, Daten)
- Beschränkter Vorteil (Hilfe nur für Teilbereiche der Prüfung)
- Relativ hoher Vorbereitungsaufwand für begrenzten Nutzen

Modernes Spicken (digital):

- Zugriff auf nahezu unbegrenzte Informationen
- Möglichkeit, komplette Lösungen in Echtzeit zu erhalten
- Hoher potenzieller Vorteil bei geringem Vorbereitungsaufwand

Multimodale KI-Modelle ermöglichen es Schüler*innen, mit einem Foto der Prüfungsaufgaben umgehend detaillierte und individuell angepasste Antworten zu erhalten. Im Gegensatz zu früheren Formen des Spickens, die oft nur begrenzte Vorteile boten, liefert die moderne Technologie umfassende Lösungen für die gesamte Prüfung.

Abstufung von Unredlichkeiten nach Schweregrad

Angesichts dieser grundlegenden Veränderung ist eine differenzierte Betrachtung und Bewertung von Unredlichkeiten notwendig.

Leichte Vergehen

- Verwendung selbsterstellter, analoger Spickzettel mit begrenzten Informationen
- Abschreiben einzelner Lösungsschritte von Mitschülerinnen oder Mitschülern

- Nutzung unerlaubter konventioneller Hilfsmittel (z.B. Formel-sammlung, wenn nicht erlaubt)

Schwere Vergehen

- Verwendung umfangreicher, vorgefertigter Unterlagen
- Einsatz elektronischer Geräte zur Kommunikation oder Informationsbeschaffung
- Nutzung von KI-Tools zur Generierung von Lösungen
- Einsatz versteckter Kameras oder Wearables zur Übermittlung von Prüfungsfragen
- Manipulation elektronischer Prüfungssysteme

Die Abstufung sollte sich konsequent in den Sanktionen niederschlagen: Mit steigendem potenziellem Nutzen aus dem Betrug sollten auch die Konsequenzen entsprechend zunehmen. Die Auseinandersetzung mit diesen Risiken, deren Handhabung sowie die Festlegung angemessener Sanktionen sollte nicht der einzelnen Lehrperson aufgebürdet werden, sondern im Kollegium gemeinsam erörtert und auf Schulebene verbindlich schriftlich festgehalten werden.

Konkrete Massnahmen für faire Prüfungsbedingungen

Bei schriftlichen Präsenzprüfungen

1. **Konsequente Abgabe aller elektronischen Geräte**
    - Smartphones, Smartwatches, Kopfhörer und andere Wearables müssen vor der Prüfung abgegeben werden.
    - Das blosse Mitführen eines elektronischen Geräts sollte bereits als Betrugsversuch gewertet werden.
2. **Klare Regelungen und Sanktionen**
    - Transparente Information über erlaubte Hilfsmittel und Konsequenzen bei Verstössen.
    - Differenzierte Sanktionsmöglichkeiten je nach Schweregrad der Unredlichkeit.
3. **Räumliche Massnahmen**
    - Ausreichender Abstand zwischen Prüfungsteilnehmenden
    - Alternative Sitzordnungen bei mehreren Prüfungsgruppen.

Bei elektronischen Prüfungen

Die Sicherheit bei Online-Prüfungen bleibt eine Herausforderung. Ein Screenshot (ein Bild vom Bildschirm) ist oft einfacher zu bewerkstelligen als das heimliche Abfotografieren eines Aufgabeblatts. Die eigentliche Achillesferse liegt in den Schwachstellen der Prüfungssoftware selbst.

Bei der Verwendung von Prüfungssoftware wie Exam.net ist es entscheidend:

- Die höchste Sicherheitsstufe zu aktivieren
- Einen gesicherten Browser zu verwenden
- Regelmässige Updates der Sicherheitssoftware durchzuführen

Dennoch bleibt zu bedenken: Auf YouTube und in anderen Foren finden sich zahlreiche Anleitungen, die detailliert erklären, wie man Prüfungssoftware hacken kann. Für Lehrpersonen, die sich nicht ständig mit Informatikproblemen beschäftigen möchten, bleibt der gute alte Stift und das vertraute Papier nach wie vor die verlässlichste Methode, um die Integrität und Fairness von Prüfungen zu wahren.

Vorteile mündlicher Prüfungen

Mündliche Prüfungen bieten eine ausgezeichnete Alternative und mehrere Vorteile:

- Sie fördern die Fähigkeit der Schüler*innen, sich mündlich auszudrücken und spontan auf Fragen zu reagieren.
- Im direkten Dialog kann die Lehrperson unmittelbar erkennen, was die Lernenden tatsächlich verstanden haben.
- Der Rückgriff auf unerlaubte Hilfsmittel ist in dieser Prüfungsform praktisch ausgeschlossen.
- Sie bieten eine gute Vorbereitung auf mündliche Maturitätsprüfungen und spätere berufliche Anforderungen.

Während einzelne Schüler*innen mündlich geprüft werden, kann der Rest der Klasse sinnvoll mit KI-gestützten Lernmaterialien arbeiten. Das Konzept des Flipped Classroom eignet sich hierfür besonders gut: Die Lernenden erarbeiten neue Lerninhalte eigenständig, die anschliessend im Klassenverband vertieft und geübt werden.

Die Digitalisierung hat die Möglichkeiten des Betrugs bei Prüfungen fundamental verändert. Dies erfordert eine Neubewertung unserer Prüfungssysteme, differenzierte Sanktionen und angepasste Präventionsmassnahmen. Besonders schwerwiegend sind Täuschungsversuche mit elektronischen Mitteln zu bewerten, da sie umfassende Lösungen mit geringem Vorbereitungsaufwand ermöglichen.

Neben technischen Schutzmassnahmen bei schriftlichen Prüfungen sollten Schulen auch verstärkt auf mündliche Prüfungsformen und Leistungsnachweise setzen, die weniger anfällig für digitalen Betrug sind. Letztlich geht es nicht nur um die Verhinderung von Unredlichkeiten, sondern um die Sicherstellung einer fairen Leistungsbeurteilung und eines nachhaltigen Lernprozesses für alle Schüler*innen.

Die Kunst der klugen Themenwahl

In einer Zeit, in der KI-Systeme komplexe Texte binnen Sekunden generieren, steht die Maturaarbeit als Nachweis intellektueller Eigenleistung vor neuen Herausforderungen. Die strategische Themenwahl wird zum entscheidenden Faktor, um die kognitiven und methodischen Fähigkeiten der Schüler*innen zu fördern und authentisch sichtbar zu machen.

Während ein ungeschickt gewähltes Thema die Versuchung der KI-gestützten Abkürzung erhöht, eröffnen klug konzipierte Fragestellungen Räume für echte Forschung, die durch digitale Werkzeuge zwar unterstützt, aber nicht ersetzt werden kann. Im Folgenden werden sechs zentrale Kriterien für die Konzeption von kleinen Forschungsprojekten vorgestellt, die echte intellektuelle Eigenleistung fordern und die Qualität der Maturarbeiten auch im KI-Zeitalter sichern.

1. Originalität und Forschungscharakter

Themen, die sich nicht einfach durch KI-Systeme bearbeiten lassen, sind besonders wertvoll. Dies umfasst Fragestellungen, die lokale Phänomene untersuchen oder neuartige Perspektiven eröffnen. Eine einzigartige Herangehensweise fördert intellektuelle Eigenständigkeit und reduziert die Versuchung, auf vorgefertigte Inhalte zurückzugreifen.

Konkrete Ansätze:

- **Regionale Studien:** Projekte, die sich mit lokalen Problemen, Traditionen oder Gegebenheiten befassen (z.B. eine Umweltstudie im lokalen Flussgebiet, die Geschichte eines bestimmten Bauwerks, eine soziologische Untersuchung in der eigenen Gemeinde).
- **Institutions- und Unternehmensbezug:** Untersuchungen in Zusammenarbeit mit lokalen Organisationen, Vereinen oder Unternehmen.
- **Archivrecherchen mit lokalen Quellen:** Auswertung von kommunalen oder regionalen Archiven, die oft nur rudimentär digitalisiert sind und physische Recherchen vor Ort erfordern.

2. Primärforschung als Qualitätsmerkmal

Themen, die eigene Datenerhebung, Feldstudien oder experimentelle Ansätze erfordern, bieten mehrere Vorteile: Sie fordern methodische Kompetenzen, sind weniger anfällig für Plagiatsversuche und ermöglichen praktische Lernerfahrungen. Die direkte Auseinandersetzung mit primären Forschungsgegenständen schafft eine Ebene der Arbeit, die grundsätzlich über KI-Unterstützung hinausgeht.

Konkrete Ansätze:

- **Experimente, Messungen, Feldforschung:** Naturwissenschaftliche Versuche, Befragungen, Beobachtungen oder Selbstexperimente, die selbst durchgeführt und dokumentiert werden müssen.
- **Interviews oder Umfragen:** Qualitative Studien (z.B. Interviews mit Zeitzeugen, Expertenbefragungen) und quantitative Erhebungen (z.B. Online-Umfragen für eine statistische Analyse), die einen spezifischen Datensatz erzeugen.
- **Selbst entwickelte Test- oder Erhebungsinstrumente:** Fragebögen, Testreihen oder Modelle, die speziell auf das Thema zugeschnitten sind.

3. Praxisorientierung und Relevanz

Die Verknüpfung theoretischer Konzepte mit praktischen Anwendungen erhöht die Motivation der Lernenden und resultiert in Projekten, deren Wert über rein schulische Erwartungen hinausgeht. Themen, die lokale Aspekte oder aktuelle Fragestellungen aufgreifen, stärken die Transferkompetenzen und schaffen bedeutungsvolle Lernerfahrungen.

Konkrete Ansätze:

- **Kooperative Projekte mit realen Stakeholdern:** Bearbeitung konkreter Problemstellungen innerhalb von Schulen, Vereinen oder Unternehmen, die regelmässigen Austausch und Interaktion erfordern.
- **Theorie-Praxis-Verknüpfung:** Fragestellungen, die auf theoretischen Modellen beruhen und in konkreten praktischen Projekten umgesetzt werden.

4. Interdisziplinäre Ansätze

Themen an der Schnittstelle mehrerer Fachbereiche verlangen vernetztes Denken und die Fähigkeit, Wissen aus unterschiedlichen Bereichen zu integrieren. Diese Form des Denkens stellt höhere Anforderungen an die eigenständige Syntheseleistung und entspricht der Realität moderner Wissenschaft und Berufswelt.

Konkrete Ansätze:

- **Vernetzung mehrerer Fachbereiche:** Arbeiten, die fachliche Inhalte aus unterschiedlichen Bereichen (z.B. Mathematik und Kunst, Physik und Musik, Geschichte und Chemie) verknüpfen.
- **Komplexe Syntheseleistungen:** Projekte, die eine eigenständige Integration und Reflexion verschiedener Wissensgebiete erfordern.

5. Zukunftsorientierung

Zukunftsgerichtete Themen, die sich mit neuen Phänomenen oder Technologien befassen, bieten Raum für echte Pionierarbeit und reduzieren die Wahrscheinlichkeit, dass umfangreiche vorgefertigte Inhalte verfügbar sind – sei es in konventionellen Quellen oder in den Trainingsdaten von KI-Systemen.

Konkrete Ansätze:

- **Aktuelle Entwicklungen:** Themen zu neuen Technologien, Trendphänomenen oder gesellschaftlichen Umbrüchen, für die nur vereinzelt Studien existieren.
- **Interdisziplinäre Zukunftsszenarien:** Entwicklung fundierter Szenarien für zukünftige Entwicklungen, die verschiedene Fachperspektiven integrieren und eine eigenständige Analyse von Chancen, Risiken und erforderlichen Rahmenbedingungen beinhalten.

6. Ethnografische und kulturwissenschaftliche Untersuchungen

Ethnografische und kulturwissenschaftliche Untersuchungen ermöglichen tiefe Einblicke in spezifische kulturelle Praktiken und soziale Strukturen. Diese Forschungsansätze erfordern unmittelbare Feldarbeit und direkte Interaktion mit Menschen oder kulturellen Artefakten, was eine hohe methodische Kompetenz und persönliches Engagement voraussetzt. Die qualitative Natur dieser Forschung mit ihren individuellen Beobachtungen und Interpretationen macht sie besonders widerstandsfähig gegen KI-gestützte Substituierung.

Konkrete Ansätze:

- **Teilnehmende Beobachtung:** Forschung in spezifischen Gruppen oder Kulturen, Führen von Feldtagebüchern.
- **Sprach- und Kulturvergleiche:** Eigene Analysen anhand von Interviews in verschiedenen Sprachgemeinschaften.

7. Eigenes kreatives Schaffen

Projekte mit künstlerischen Werken (Literatur, Komposition, Design), bei denen die schriftliche Dokumentation eng mit dem Entstehungsprozess verknüpft ist.

Konkrete Ansätze:

- **Prozessdokumentation:** Detailliertes Protokoll des künstlerischen Entwicklungsprozesses mit Skizzen, Entwürfen, Studien, technischen Versuchen, Fotos und Reflexionen zu Erfolgen wie Misserfolgen.
- **Reflexive Praxis:** Tiefgehende Auseinandersetzung mit dem eigenen Schaffensprozess, einschliesslich kritischer Selbstbeurteilung und Einordnung in grössere kunsthistorische oder konzeptuelle Zusammenhänge.

8. Produktentwicklung

Konzeption und Umsetzung eines konkreten Produkts, bei dem der gesamte Entwicklungsprozess von der ersten Idee bis zum fertigen Ergebnis dokumentiert wird.

Konkrete Ansätze:

- **Iterative Designprozesse:** Transparente Darstellung aller Entwicklungsstufen mit klarer Begründung für Design-Entscheidungen, Tests, Prototypen und Anpassungen auf Basis von Nutzerfeedback und technischen Erkenntnissen.
- **Theorie-geleitete Innovation:** Ableitung der eigenen Produktidee aus theoretischen Grundlagen und bestehenden Marktanalysen, gefolgt von einer kritischen Reflexion über den Entwicklungsprozess und die Ergebnisse im Kontext der anfänglichen Zielsetzungen.

Warum diese Themenarten KI-Ersatz erschweren

1. **Einzigartigkeit der Daten:** Empirisches Material, das direkt von den Lernenden erhoben wird, ist meist nicht öffentlich verfügbar und weder in gängigen Datenbanken noch in KI-Modellen enthalten.
2. **Persönlicher Kontext und Reflexion:** KI kann zwar Texte generieren, aber die Selbstreflexion über ein eigenes Projekt, das Einbringen persönlicher Erfahrungen oder das Führen eines echten Diskurses mit Interviewpartner*innen lassen sich nicht einfach simulieren.

3. **Intellektuelle Syntheseleistung:** Interdisziplinäre Themen oder Projekte mit vielschichtigen Methoden erfordern eine eigene Transfer- und Bewertungskompetenz, die nicht rein mechanisch erbracht werden kann.

4. **Praktische Umsetzung:** Alles, was sich nicht nur im Text, sondern auch in Handlungen, Bauvorhaben, Beobachtungen und Selbstorganisation abspielt, geht über den reinen Informationsabruf hinaus und widerspiegelt persönliche Methodik und Problemlösung.

KI-gestützte Themenevaluation: Ein praktisches Werkzeug

Die gezielte Nutzung von KI kann Lehrpersonen einen wertvollen Analysedienst im Prozess der Themenevaluation bieten. Der folgende Prompt wurde speziell für diesen Zweck entwickelt und ermöglicht eine systematische Prüfung vorgeschlagener Maturaarbeitsthemen. Er unterstützt Lehrpersonen dabei, die Qualität, Durchführbarkeit und den erwartbaren Anteil an Eigenleistung eines Themas objektiv einzuschätzen.

Prompt zur strukturierten Themenevaluation[3]:

[Hier das Maturaarbeitsthema oder das Grobkonzept hereinkopieren]
###
Als KI-Experte für bildungsbezogene Beurteilungen unterstützt du Lehrpersonen bei der realistischen Einschätzung des oben genannten Maturaarbeitsthema oder Projekt. Dein Fokus liegt auf der kritischen Bewertung der Durchführbarkeit und der tatsächlichen Eigenleistung (Mindestziel: 66%), unter Berücksichtigung gymnasialer Forschungslimitationen und möglicher KI-Unterstützung.

1. Hauptziel
Führe eine präzise und kritische Analyse des vorgeschlagenen Projekts durch mit besonderem Fokus auf:
- *Realistische Durchführbarkeit auf gymnasialem Niveau*
- *Eigenleistungsanteil unter Berücksichtigung verfügbarer Hilfsmittel*
- *Risikobereiche mit potenzieller Überabhängigkeit von Sekundärliteratur und KI*

---

[3] Dieser Prompt kann hier kopiert werden: https://www.borisehret.ch/maturaarbeit-gpt/

- *Quantitative KI-Einflussanalyse für jeden Arbeitsschritt (prozentuale Einschätzung)*

2. Analyseschritte

a) Konzeptentwicklung

- *Entwickle basierend auf dem eingegebenen Thema ein strukturiertes Maturaarbeitskonzept*
- *Berücksichtige alle typischen Komponenten einer gymnasialen Forschungsarbeit*
- *Skizziere einen realistischen Arbeitsplan mit Meilensteinen*

b) Komplexitätsanalyse

- *Bewerte das erforderliche Fachwissen und die Komplexität des Themas*
- *Identifiziere Wissensgebiete, die das gymnasiale Niveau übersteigen*
- *Analysiere kritisch:*
    - *Bildungsniveau und erforderliche Vorkenntnisse*
    - *Notwendige Forschungsinfrastruktur und Materialzugang*
    - *Realistische Möglichkeiten eigenständiger Untersuchungen*
    - *Potenzielle Überforderungsrisiken*

c) Quellenanalyse

- *Überprüfe die Verfügbarkeit, Qualität und Tiefe existierender Quellen*
- *Bewerte die Gefahr der Überabhängigkeit von Sekundärliteratur*
- *Identifiziere Bereiche, wo eigenständige Forschung durch Quellendominanz eingeschränkt wird*

d) KI-Einflussanalyse

- *Bewerte für jeden Arbeitsschritt den potenziellen KI-Einfluss (in %)*
- *Identifiziere besonders KI-anfällige Bereiche:*
    - *Literaturrecherche und -analyse*
    - *Datenverarbeitung und -auswertung*
    - *Strukturierung und Textproduktion*
    - *Visualisierung und Präsentation*

e) Eigenleistungsbewertung

- *Berechne den realistischen Eigenleistungsanteil unter Berücksichtigung aller Faktoren*
- *Analysiere kritisch, wo echte kreative und intellektuelle Eigenleistung stattfindet*

- *Bewerte, ob der vorgeschlagene Umfang (15-25 Seiten) für eine angemessene Bearbeitung ausreicht*
- *Betone: Das Verarbeiten von Sekundärliteratur durch KI stellt keine Eigenleistung dar*

f) Optimierungsvorschläge

- *Entwickle konkrete Anpassungsvorschläge zur Steigerung der Eigenleistung (Ziel: >66%)*
- *Schlage präzise Eingrenzungen des Themas vor*
- *Empfehle alternative methodische Ansätze, die mehr originäres Denken erfordern*
- *Biete Vorschläge zur Redimensionierung für mehr Tiefe statt Breite*

g) Gesamtbewertung

- *Erstelle eine übersichtliche Zusammenfassung aller Herausforderungen und Risiken*
- *Formuliere eine eindeutige Empfehlung zur Eignung des Themas*
- *Begründe diese Empfehlung transparent und nachvollziehbar*
- *Scheue nicht vor klaren Ablehnungsempfehlungen bei ungeeigneten Konzepten*

Kommunikationsstil

- *Kommuniziere präzise, direkt und unmissverständlich*
- *Formuliere Kritik konstruktiv, aber ungeschönt*
- *Verwende eine strukturierte Darstellung mit klaren Bewertungskriterien*
- *Betone konsequent die Wichtigkeit echter intellektueller Eigenleistung*

Berichtsstruktur und -format

Erstelle als Ausgabe einen ausführlichen, klar strukturierten Beurteilungsbericht mit folgenden Elementen:

1. Zusammenfassung (Executive Summary)

- *Prägnante Zusammenfassung der Kernbewertung*
- *Klare Empfehlung mit Ampelsystem (Grün/Gelb/Rot)*
- *Eigenleistungsquote als prozentuale Schätzung*

2. Projektbeschreibung und Konzeptanalyse

- *Darstellung des verstandenen Konzepts*
- *Detaillierte Komplexitätsanalyse*
- *Identifikation kritischer Herausforderungen*

3. Quellenlandschaft und Literaturanalyse

- *Bewertung der Quellenverfügbarkeit und -qualität*

- *Abhängigkeitsgrad von Sekundärliteratur*
- *Identifikation von Originalitätspotentialen*

4. KI-Einfluss nach Arbeitsbereichen

- *Tabellarische Darstellung aller Arbeitsschritte*
- *Prozentuale KI-Einflusseinschätzung pro Schritt*
- *Gesamtbewertung des KI-Einflusses*

5. Eigenleistungsanalyse

- *Detaillierte Bewertung des Originalitätspotentials*
- *Identifikation von Bereichen echter intellektueller Leistung*
- *Gesamtbewertung der Eigenleistungsquote*

6. Optimierungsvorschläge

- *Konkrete, umsetzbare Anpassungsempfehlungen*
- *Alternativen zur Erhöhung der Eigenleistung*
- *Priorisierte Massnahmenvorschläge*

7. Fazit und Empfehlung

- *Abschliessende Gesamtbewertung*
- *Klare, begründete Handlungsempfehlung*
- *Hinweise zu weiteren Schritten*

Gestalte den Bericht mit angemessenen Visualisierungselementen (Tabellen, Listen, Hervorhebungen), um die Lesbarkeit zu optimieren und wichtige Einsichten hervorzuheben.

Abschliessende Qualitätssicherung

Vor der finalen Antwort überprüfe:

- *Realistische Einschätzung der thematischen Komplexität*
- *Klare Darstellung gymnasialer Forschungslimitationen*
- *Deutliche Herausarbeitung der Quellen- und KI-Abhängigkeitsrisiken*
- *Angebot konkreter, umsetzbarer Optimierungsvorschläge*
- *Transparente und begründete Gesamtempfehlung*
- *Einhaltung der definierten Berichtsstruktur mit allen Elementen*

Ein Chatbot, der hilft, Themen einzugrenzen

Eine der grössten Herausforderungen für Gymnasiast*innen bei der Erstellung ihrer Maturarbeit liegt nicht nur in der Themenwahl, sondern besonders in der präzisen Eingrenzung ihres Forschungsvorhabens. Anfängliche Themenideen sind oft von Begeisterung und Neugierde geprägt und tendieren häufig zur Überdimensionierung. Ein zu breit gefasstes Thema führt unweigerlich zu oberflächlicher Bearbeitung, während ein präzise formuliertes Forschungsvorhaben Tiefgang ermöglicht und realistisch umsetzbar bleibt.

Der Prozess der Themeneingrenzung ist eine komplexe intellektuelle Leistung, die viele Schüler*innen überfordert. Hier kann die gezielte Unterstützung durch KI einen wertvollen Beitrag leisten. Der folgende Prompt wurde speziell entwickelt, um alle Beteiligten in diesem kritischen Prozess zu unterstützen. Er bietet eine dialogische Struktur, die von allgemeinen Interessen zu konkreten, realisierbaren Fragestellungen führt und dabei zentrale Qualitätskriterien wie Durchführbarkeit, Originalität und intellektuelle Eigenleistung berücksichtigt.

Dieser Prompt simuliert die Erfahrung und Expertise eines erfahrenen Betreuers und führt die Lernenden Schritt für Schritt durch einen strukturierten Eingrenzungsprozess. Durch die interaktive Gestaltung werden Schüler*innen aktiv in die Entwicklung und Reflexion ihres Forschungsvorhabens einbezogen und lernen dabei wesentliche Prinzipien wissenschaftlichen Arbeitens kennen. Besonders wertvoll ist dabei die kontinuierliche Rückmeldung zu Machbarkeit und Umsetzbarkeit, die hilft, unrealistische Vorhaben frühzeitig zu erkennen und anzupassen.

Prompt, der hilft, Themen einzugrenzen[4]:
Du bist ein erfahrener Betreuer für Maturaarbeiten. Deine Aufgabe ist es, Schüler bei der Eingrenzung ihres Themas für die Maturaarbeit zu unterstützen. Beginne, indem du den Schüler nach seinem gewünschten Themenbereich fragst. Führe dann einen interaktiven Prozess durch, um das Thema schrittweise einzugrenzen. Beachte dabei folgende Punkte:

1. *Die Maturaarbeit sollte 20-25 Seiten lang sein und in einem Zeitraum von etwa 10 Monaten realisierbar sein.*
2. *Es sollte sich um ein kleines Forschungsprojekt handeln, das ein Gymnasiast mit seinem Wissen und seinen Ressourcen (Infrastruktur und Finanzen) umsetzen kann.*
3. *Die Arbeit sollte nicht hauptsächlich auf Sekundärliteratur basieren.*
4. *Mache konkrete Vorschläge, die eine echte Eigenleistung der Schüler erfordern. Dies ist ein wichtiges Bewertungskriterium.*
5. *Präsentiere immer drei Vorschläge zur Auswahl.*
6. *Verfeinere den ausgewählten Vorschlag interaktiv mit dem Schüler.*

---

[4] Dieser Prompt kann hier kopiert werden: https://www.borisehret.ch/maturaarbeit-gpt/

7. *Gib Hinweise zur zeitlichen Planung der Arbeit über die 10 Monate.*
8. *Sprich unrealistische oder zu ambitionierte Vorschläge klar an und erkläre, warum sie problematisch sein könnten.*
9. *Weise auf mögliche ethische Aspekte oder Einschränkungen bei der Themenwahl hin.*
10. *Gib Orientierung zur Struktur der Arbeit, ohne eine fertige Gliederung zu liefern.*
11. *Integriere Tipps zur Literaturrecherche und Quellenarbeit in den Prozess.*
12. *Fördere und unterstütze interdisziplinäre Themenvorschläge aktiv.*
13. *Weise auf mögliche Herausforderungen oder Fallstricke bei der Durchführung der Maturaarbeit hin und biete konstruktive Lösungsansätze an.*

Verwende in deiner Kommunikation die Du-Form und einen freundlichen, ermutigenden Ton.

Die vorgestellten Ansätze – von der kritischen Themenevaluation bis zur schrittweisen Eingrenzung – zeigen Wege auf, wie KI als konstruktives Werkzeug in den wissenschaftlichen Prozess integriert werden kann. Die sinnvolle Integration von künstlicher Intelligenz verlagert den Fokus vom reinen Endprodukt (der schriftliche Bericht) auf den Forschungsprozess selbst: Feldforschung, Datenerhebung, lokale Bezüge, interdisziplinäre Verbindungen und kreative Umsetzungen werden zu zentralen Qualitätsmerkmalen. Digitale Unterstützung kann diese sinnvoll ergänzen, aber nicht ersetzen. Der Einsatz von KI – sei es zur Literaturrecherche, zur kritischen Themenevaluation oder zur Begleitung im Eingrenzungsprozess – wird damit nicht zum Problem, sondern zum produktiven Element einer zeitgemässen Bildung, die Technologie reflektiert nutzt und gleichzeitig authentische intellektuelle Entwicklung fördert.

Der wahre Bildungswert der Maturarbeit entfaltet sich in der Entwicklung fundamentaler wissenschaftlicher Kompetenzen: Die Fähigkeit, eigenständige Forschungsprozesse zu konzipieren, diese methodisch stringent durchzuführen und kritisch zu reflektieren. Diese Schlüsselkompetenzen bilden das unverzichtbare Fundament für ein erfolgreiches Universitätsstudium. Die Maturarbeit wird so zur wichtigen Brücke zwischen gymnasialer und universitärer Bildung und vermittelt Fähigkeiten, die auch in einer zunehmend von KI geprägten akademischen Landschaft ihre Relevanz behalten werden.

Das Beurteilungsraster

Während manche Hochschulen angesichts der Digitalisierung die schriftliche Bachelorarbeit zunehmend infrage stellen, behält die Maturaarbeit im gymnasialen Kontext ihre zentrale Bedeutung. Sie ist weit mehr als nur eine schriftliche Arbeit: Sie ist ein kleines Forschungsprojekt, in dem Schüler*innen lernen, eine wissenschaftliche Fragestellung eigenständig zu formulieren, zu planen, durchzuführen und kritisch zu reflektieren. Gerade in Zeiten der künstlichen Intelligenz (KI) wird diese Fähigkeit zu selbstständigem, methodisch fundiertem Arbeiten immer wichtiger.

Um Missverständnissen vorzubeugen, lohnt sich eine klare Begriffsklärung:

1. **Maturaarbeit**

   Der Begriff „Maturaarbeit" bezeichnen wir hier das gesamte Forschungsprojekt, das typischerweise über mehrere Monate hinweg bearbeitet wird. Es umfasst alle Schritte von der Ideenfindung, der theoretischen Recherche und der Planung einer geeigneten Methodik bis hin zur eigentlichen Durchführung, Auswertung und Präsentation.

2. **Schriftlicher Bericht**

   Im schriftlichen Bericht ist lediglich ein Dokument, in dem die einzelnen Phasen, Methoden und Ergebnisse des Projekts festgehalten werden. Im Bericht werden die wissenschaftlichen Arbeitstechniken reflektiert und sichtbar gemacht, etwa durch eine sorgfältige Quellenangabe, eine stringente Argumentation und eine zusammenhängende Darstellung der Resultate. Häufig wird mit „Maturaarbeit" fälschlicherweise nur dieser abschliessende schriftliche Bericht assoziiert.

3. **Mündliche Verteidigung**

   Den Abschluss der Maturaarbeit bildet in vielen Schulen eine Präsentation, die sich treffender als mündliche Verteidigung bezeichnen lässt. Hier werden der Forschungsprozess und die Projektergebnisse vorgestellt und in einem kritischen Dialog verteidigt. Die Lernenden müssen ihre Arbeit und deren wissenschaftlichen Hintergrund vor Lehrpersonen und oft auch vor Mitschüler*innen begründen und erhalten so die Möglichkeit, ihr Wissen und ihr Verständnis der Materie zu beweisen.

Angesichts der neuen technologischen Möglichkeiten besteht die Herausforderung darin, dieses kleine Forschungsprojekt in einem dynamischen Prozess weiterzuentwickeln. Es gilt, die Bewertungskriterien so anzupassen, dass sie sowohl der aktuellen technologischen Realität als auch den etablierten akademischen Standards gerecht werden. Dieses Kapitel widmet sich der Erörterung innovativer Ansätze, die es ermöglichen, die Maturaarbeit auch in Zukunft als integralen und wertvollen Bestandteil der gymnasialen Ausbildung zu erhalten.

KI in Projektarbeiten

KI kann als wertvolles Werkzeug dienen, das den gesamten Arbeitsprozess unterstützt - von der ersten Ideenfindung bis zur abschliessenden Präsentation. Gymnasien müssen jetzt klare Regeln für den KI-Einsatz festlegen. Wichtig ist dabei, genau zu unterscheiden, wann und wie KI sinnvoll genutzt werden kann. Schulen sollten deshalb klare Richtlinien entwickeln und folgende Aspekte beachten:

- Welche KI-Anwendungen sind in welchen Phasen der Projektarbeit erlaubt oder sogar erwünscht
- Wie soll der Einsatz von KI-Tools dokumentiert und offengelegt werden soll
- Welche Formen der KI-Nutzung gelten als Missbrauch oder akademische Unredlichkeit
- Wie wird mit Grenzfällen umgegangen und welche Kriterien werden für ihre Bewertung herangezogen werden

Diese Richtlinien sollten flexibel genug sein, um mit der schnellen technologischen Entwicklung Schritt zu halten, gleichzeitig aber auch klare Grenzen setzen, um die Integrität der Projektarbeit zu wahren.

Differenzierung zwischen direkten und indirekten KI-Beiträgen

Die Unterscheidung zwischen direkten und indirekten KI-Beiträgen kann als Schlüssel dienen, um zu definieren, welche Formen der KI-Unterstützung akzeptabel oder sogar erwünscht sind und welche als unethisch oder als Verstoss gegen akademische Integritätsstandards gelten.

Indirekte KI-Beiträge: Förderung des Lernprozesses

Indirekte Beiträge sind solche, bei denen KI bei der Vorbereitung oder beim Prozess hilft, ohne direkt in der Arbeit zu erscheinen. Diese Form der

Unterstützung kann als Erweiterung traditioneller Hilfsmittel wie Wörterbücher, Enzyklopädien oder Recherchetools betrachtet werden.
Beispiele für indirekte Beiträge:
- Ideenfindung und Brainstorming
- Strukturierung von Gedanken und Argumenten
- Recherchehilfe und Quellenvorschläge
- Sprachverbesserung und Stiloptimierung
- Datenorganisation und -visualisierung

Indirekte KI-Beiträge können oft sogar förderlich für den Lernprozess sein. Sie unterstützen die Lernenden dabei, ihre eigenen Fähigkeiten zu entwickeln und zu verfeinern, ohne die Kernaufgabe der eigenständigen inhaltlichen Arbeit zu übernehmen.

Direkte KI-Beiträge: Abgrenzung zur eigenständigen Leistung
Wenn KI-generierte Inhalte unmittelbar in ein Werk integriert werden, spricht man von direkten Beiträgen. Diese Form der KI-Nutzung erfordert eindeutige Vorgaben, da sie die Grenze zwischen legitimer Unterstützung und unerlaubter Übernahme fremder Leistungen verwischen könnte.
Beispiele für direkte Beiträge:
- Texterstellung oder -generierung
- Datenanalyse und Interpretation
- Erstellung von Grafiken und Diagrammen
- Übersetzung längerer Textpassagen

Direkte KI-Beiträge werden in den meisten Fällen als problematisch betrachtet werden, es sei denn, sie werden explizit als Teil der Aufgaben-stellung erlaubt und transparent gekennzeichnet. Sie können die eigenständige Leistung der Lernenden erheblich beeinträchtigen und die Bewertung der individuellen Fähigkeiten erschweren.

Projektphase	Aufgabe	Geeignetes KI Tool (Stand – März 2025)	Direkt / indirekt
1. Vorbereitungs-phase	Themenfindung und -eingrenzung	Advanced Voice Mode + OpenAI o1/o3 mini + CustomGPTs + Claude 3.7 + Grok 3 + Mistral	indirekt
	Entwicklung von Forschungsfragen	OpenAI o1/o3 mini + Claude 3.7 + Grok 3 + Mistral	indirekt
	Quellenrecherche	Perplexity + Gemeni Deep Research + Google	indirekt
	Strukturierung der Arbeit	OpenAI o1/o3 mini + Claude 3.7 + Grok 3	indirekt
2. Recherchephase	Verarbeitung um-fangreicher Texte	NotebookLM	indirekt
	Mehrsprachige Quellenverarbei-tung	NotebookLM	indirekt
3. Planungsphase	Konzeption von Untersuchungen	OpenAI o1/o3 mini	indirekt
	Entwicklung von Untersuchungsde-signs	OpenAI o1/o3 mini	indirekt

	Risikoanalyse für geplante Untersuchungen	OpenAI o1/o3 mini	indirekt
4. Durchführungsphase	Vorbereitung von Interviewfragen	ChatGPT-4.5 + Claude 3.7 + Grok 3 + Mistral	indirekt
	Transkription von Interviews / Audiodateien	NotebookLM	indirekt
	Extrahieren wichtiger Aussagen	ChatGPT-4.5 + Claude 3.7 + Grok 3 + Mistral	indirekt
	Mustererkennung und Vergleichsanalyse	OpenAI o1/o3 mini	indirekt
	Datenanalyse und Visualisierung	OpenAI o1/o3 mini + Dall-E3	**direkt**
	Übersetzungen fremdsprachiger Quellen	DeepL	indirekt
5. Schreibphase	Formulierungshilfe für schwierige Passagen	DeepL Write + ChatGPT-4.5 Canvas + Claude 3.7 + Mistral	**direkt**
	Stilistische Kohärenz	Custom GPT + Claude Projects	indirekt
	Auffinden passender Zitate	NotebookLM + Perplexity	indirekt
	Korrekturlesen	ChatGPT-4.5 + Claude 3.7 + Grok 3 + Mistral	indirekt
	Quellenangaben und Literaturverzeichnis	Custom GPT	indirekt

6. Überarbeitungs-phase	Gegenlesen und kritisches Feedback	ChatGPT-4.5 + Claude 3.7 + OpenAI o1/o3 mini	indirekt
	Identifikation von Lücken in der Argumentation	OpenAI o1/o3 mini	indirekt
7. Präsentations-phase	Vorbereitung der mündlichen Präsentation	OpenAI o1/o3 mini + NotebookLM	indirekt
	Üben der mündlichen Präsentation	Advanced Voice Mode	indirekt
	Erstellung von Präsentationsfolien	Gamma	**direkt**

Ein kritischer Blick auf das aktuelle Beurteilungsraster

Ein Blick auf das aktuelle Beurteilungsraster für die Kantonsschule Alpenquai in Luzern zeigt deutlich, dass viele Bereiche, die in der schriftlichen Arbeit beurteilt werden, problemlos von einer KI erledigt werden können (alle Punkte, die in der Tabelle auf Seite 72 kursiv und fett gedruckt sind). Dies betrifft insbesondere formale Aspekte wie die sprachliche Korrektheit, die Gestaltung des Dokuments und die Einhaltung von Zitierregeln, aber auch strukturelle Elemente wie den logischen Aufbau und die Gliederung der Arbeit.

Besonders auffällig ist, dass im aktuellen Bewertungsraster der Arbeitsprozess selbst vergleichsweise wenig Gewicht erhält. Für den "Lern- und Arbeitsprozess" werden nur 20-50 von insgesamt 200 Punkten vergeben, während das Produkt – der schriftliche Bericht – und dessen formale Gestaltung den Grossteil der Bewertung ausmachen. Zudem fokussiert sich selbst innerhalb der Prozessbewertung ein wesentlicher Punkt auf die "kritische Auseinandersetzung mit der eigenen Arbeit und deren Ergebnissen" – also auf eine Reflexion, die erst a posteriori, am Ende der schriftlichen Arbeit stattfindet, und nicht auf eine kontinuierliche Auseinandersetzung während des gesamten Arbeitsprozesses. Diese nachträgliche Reflexion kann ebenfalls mit KI-Unterstützung formuliert werden, während der eigentliche kognitive Prozess der fortlaufenden Anpassung, Überprüfung und Weiterentwicklung des eigenen Denkens kaum erfasst wird.

Gültiges Beurteilungsraster für die Maturaarbeit

Schriftliche Arbeit		
Hauptkriterium	**Mögliche Aspekte**	**Punkte**
Inhalt	*- Problemstellung und Metho-den-wahl* *- Erfassen und Bewältigung des Themas (sinnvolle Gewichtung, logischer Aufbau, Erkennen von Zusammenhängen, Schlussfol-gerungen)* - Richtigkeit und Differenziertheit der Aussagen *- Verarbeitung der Quellen, Literatur, Versuchsergebnisse* - Eigenständigkeit und Originalität der Arbeit	50-60
Formale Gestalt	*- Darstellung (Gliederung, Übersichtlichkeit, Textgestaltung, Illustration, Umfang)* *- Sprache und Ausdruck* *- Formale Korrektheit: Verarbeitung von Literatur* *- Formale Korrektheit: Inhalts-, Literatur- bzw. Quellenverzeichnis*	20-30
Lern- und Arbeitsprozess	- Einhaltung von Zeitplan und Vereinbarungen - Initiatives und selbstverantwortliches Arbeiten *- Kritische Auseinandersetzung mit der eigenen Arbeit und deren Ergebnissen*	20-50
		120

Mündliche Präsentation		
Sach- und Fachkompetenz	- Kenntnis der behandelten Materie (in der Darstellung) ***- Einbettung der Thematik in einen grösseren Zusammenhang (Gewichtung)*** - Sachkompetenz im Gespräch mit Betreuungsperson und Korreferent(-in) - Reflexion und Beurteilung der eigenen Arbeit - Wecken von Motivation und Interesse für das Thema, Schaffen von Spannung	40-50
Vortragsweise (Haltung, Sprache, Gestik, Mimik)	- Korrekte Anwendung der Standardsprache - Angemessene Verwendung der Fachterminologie - Freies Sprechen, gut rhythmisiert und moduliert Souveränes, sicheres Auftreten	15-25
Darstellung und Medieneinsatz	***- Angemessener Einsatz von Hilfsmitteln und Medien: Qualität*** - Angemessener Einsatz von Hilfsmitteln und Medien: Quantität ***- Aufbau der Präsentation: Methodik***	10-15
		80

Gesamtpunktzahl: 200 Punkte

Das aktuelle System schafft ein Ungleichgewicht: Einige Schüler*innen arbeiten mühsam an formalen Aspekten, während andere mit KI-Unterstützung diese Bereiche nahezu perfekt gestalten und dafür belohnt werden –

ohne dass dies ihre fachlichen oder methodischen Kompetenzen widerspiegelt. Diese Situation ist unbefriedigend und erfordert ein dringendes Umdenken. Die Bewertungskriterien müssen angepasst werden, um die tatsächlichen kognitiven Leistungen der Studierenden zu würdigen, statt Aspekte zu betonen, die leicht durch KI-Tools optimiert werden können.

Der Arbeitsprozess selbst verdient deutlich mehr Beachtung und sollte entsprechend stärker gewichtet werden. Die kontinuierliche Dokumentation, methodischen Überlegungen, Anpassungen der Vorgehensweise und die fortwährende Reflexion über Zwischenergebnisse sind Leistungen, die nicht durch KI ersetzt werden können und den eigentlichen Bildungswert der Maturaarbeit ausmachen. Diese prozessbezogenen Fähigkeiten sollten neu im Zentrum der Bewertung stehen.

Die Herausforderung liegt nun darin, Bewertungskriterien zu entwickeln, die die eigenständige intellektuelle Leistung der Studierenden in den Mittelpunkt stellen und gleichzeitig den sinnvollen Einsatz von KI-Tools als zeitgemässe Kompetenz anerkennen. Eine deutliche Verschiebung vom Produkt zum Prozess ist dabei entscheidend, um die Maturaarbeit als wertvolles Bildungsinstrument zukunftsfähig zu gestalten. Dies bedeutet konkret: mehr Gewicht für Prozessdokumentation und -reflexion, für methodische Entscheidungen und deren Begründung sowie für die Fähigkeit zur Selbstkritik und Anpassung – und weniger Fokus auf das polierte Endprodukt, dessen formale Perfektion heute zunehmend durch technologische Hilfsmittel erreicht werden kann.

Im Folgenden stellen wir ein neues Beurteilungsraster für die Maturaarbeit vor. Unser Vorschlag verschiebt den Schwerpunkt auf den Arbeitsprozess und die eigenständige Denkleistung der Schüler*innen, ohne die Qualität des Endprodukts zu vernachlässigen. Das Raster berücksichtigt die Realität der heutigen KI-Tools und deren sinnvolle Einbindung in wissenschaftliches Arbeiten. Wie von der Maturitätskommission des Kantons Luzern vorgegeben, macht die mündliche Verteidigung der Maturaarbeit auch in diesem Raster 40% der Endnote aus. Die Kriterien und Gewichtungen verstehen wir als Startpunkt für weiterführende Gespräche unter Lehrpersonen und als Anregung zur Weiterentwicklung der Maturaarbeit.

Neues Beurteilungsraster für die Maturaarbeit

Hauptbereich	Unterkriterium	Mögliche Aspekte	Max. Punkte
Themenwahl (20 Punkte)	Inhaltliche Substanz und Originalität	- Wissenschaftlicher Mehrwert und Kreativität - Tiefgehende, eigenständige Auseinandersetzung	20
Arbeitsprozess (60 Punkte)	Projektplanung und Vorgehen	- Zielformulierung und Zeitplan - Sorgfältige Vorbereitung und Organisationsstruktur	20
	Prozessdokumentation	- Laufendes Festhalten von Arbeitsfortschritt und Reflexion - Vollständigkeit des Projekt- oder Laborjournals	20
	Methodenkompetenz und Reflexion	- Angemessene Auswahl und Anwendung von Methoden - Bewusstsein für relevante Fragestellungen	20
Schriftlicher Bericht (40 Punkte)	Aufbau, Kohärenz und Verständlichkeit	- Logische Gliederung und roter Faden - Klarheit im Ausdruck, gute Lesbarkeit	20
	Kritische Auseinandersetzung und fachliche Tiefe	- Reflexion der Ergebnisse, Einordnung in den Kontext - Hinreichende Fachliteratur und genaue Belege	20
			120 Punkte
Mündliche Verteidigung (80 Punkte)	Präsentationstechnik und rhetorische Gestaltung	- Strukturierte, verständliche Darstellung - Angemessener Medieneinsatz und Sprechhaltung	20

Haupt-bereich	Unterkriterium	Mögliche Aspekte	Max. Punkte
	Fachliche Kompetenz und Argumentationsfähigkeit	- Sicherer Umgang mit Fachbegriffen - Überzeugende, stringente Argumentation	30
	Reflexion des Arbeitsprozesses und ethische Dimension	- Selbsteinschätzung zu Arbeitsweise und Methodik - Differenzierte Betrachtung ethischer Aspekte	30
			80 Punkte

Gesamtpunktzahl: 200 Punkte

Das Projektjournal als Instrument der Reflexion und Dokumentation

Ein wesentliches Element zur Förderung eigenständiger Projektarbeiten ist die Einführung eines verpflichtenden Projektjournals. Dieses Journal dient mehreren wichtigen Zwecken:

- **Dokumentation des Arbeitsprozesses**: Lernende halten regelmässig ihre Fortschritte, Herausforderungen und Entscheidungen fest. Dies schafft Transparenz über den gesamten Verlauf der Projektarbeit.
- **Reflexion über KI-Nutzung**: Im Journal wird explizit festgehalten, wann und wie KI-Tools im Projektverlauf eingesetzt wurden. Dies fördert einen bewussten und verantwortungsvollen Umgang mit KI-Technologien.
- **Nachvollziehbarkeit der Eigenleistung**: Durch detaillierte Einträge können Lehrende den individuellen Beitrag und die Denkprozesse der Lernenden besser nachvollziehen und bewerten.
- **Entwicklung metakognitiver Fähigkeiten**: Die regelmässige Reflexion über den eigenen Arbeitsprozess fördert das Bewusstsein für die eigenen Lernstrategien und -fortschritte.
- **Basis für Feedback und Betreuung**: Das Journal kann als Grundlage für Feedback-Gespräche zwischen Lehrenden und Lernenden dienen und ermöglicht eine gezieltere Betreuung.
- **Vorbereitung auf die mündliche Verteidigung**: Die im Journal festgehaltenen Überlegungen und Entwicklungsschritte

erleichtern die Vorbereitung auf eine mündliche Verteidigung oder Präsentation der Projektarbeit.

Gymnasien sollten klare Richtlinien für die Führung des Projektjournals entwickeln, die folgende Aspekte berücksichtigen:
- Regelmässigkeit der Einträge (z.B. wöchentlich)
- Erwartete Inhalte (z.B. Fortschritte, Herausforderungen, KI-Nutzung, offene Fragen)
- Format (digital oder analog)
- Integration in den Bewertungsprozess

Das Projektjournal sollte vorzugsweise elektronisch, beispielsweise auf Plattformen wie OneNote, geführt werden. Dies bietet den entscheidenden Vorteil, dass sowohl der Betreuer als auch der Korreferent der Maturaarbeit jederzeit Einblick in den aktuellen Stand und Fortschritt des Projekts haben. Dies ermöglicht eine kontinuierliche Begleitung und zeitnahe Rückmeldungen während des gesamten Arbeitsprozesses, anstatt erst am Ende einzugreifen.

Standards für den schriftlichen Bericht

Die Neuausrichtung der Maturaarbeit als prozessorientiertes Forschungs-projekt macht es sinnvoll, auch die formalen Anforderungen an den schrift-lichen Bericht an aktuelle akademische Standards anzupassen. Dies dient einem doppelten Zweck: Zum einen unterstreicht es den Charakter der Ma-turaarbeit als Vorbereitung auf universitäres Arbeiten, zum anderen signa-lisiert es nach aussen gut sichtbar den Paradigmenwechsel gegenüber dem bisherigen Verständnis der Maturaarbeit.

Formale Vorgaben für den schriftlichen Bericht
Der schriftliche Bericht sollte künftig folgende Elemente enthalten:

Pflichtbestandteile
1. **Titelseite**: Mit Logo der Schule, Name der Schülerin/des Schülers, Titel der Arbeit, Name der Betreuungsperson und Abgabedatum
2. **Abstract** (150-250 Wörter): In deutscher oder englischer Sprache mit kurzer Darstellung von Forschungsfrage, Methodik und Hauptergebnissen
3. **Inhaltsverzeichnis**
4. **Einleitung** (10-15% des Gesamtumfangs):
    a. Problemhintergrund und Relevanz
    b. Präzise Forschungsfrage/-ziel
    c. Überblick über die angewandte Methodik
5. **Theoretischer Rahmen** (20-25%):
    a. Strukturierte Darstellung relevanter Fachliteratur
    b. Definition zentraler Begriffe
6. **Methodik** (15-20%):
    a. Beschreibung des Forschungsdesigns
    b. Datenerhebung und Auswertungsverfahren
7. **Ergebnisse** (20-25%):
    a. Sachliche Darstellung der Resultate
    b. Visuelle Aufbereitung durch Diagramme/Tabellen
8. **Diskussion** (20-25%):
    a. Interpretation der Ergebnisse
    b. Einordnung in den theoretischen Kontext
    c. Reflexion methodischer Limitationen

9. **Fazit** (5-10%):
    a. Zusammenfassung der Erkenntnisse

b.   Ausblick auf weiterführende Fragestellungen
10. **Literaturverzeichnis**: Nach einem einheitlichen Zitierstil (z.B. APA)
11. **Redlichkeitserklärung und Abgabeinformationen**

Optionale Bestandteile

- Abbildungs- und Tabellenverzeichnis
- Anhang mit ergänzenden Materialien (Rohdaten, Interview Transkripte, etc.)

Bedeutung für die Lehrpraxis

Die Einführung universitätsnaher formaler Standards bringt mehrere Vorteile:

1. **Vorbereitung auf akademisches Arbeiten**: Schüler*innen werden frühzeitig mit den Konventionen wissenschaftlichen Schreibens vertraut gemacht.
2. **Internationalisierung**: Durch die Einführung eines englischsprachigen Abstracts wird die Anschlussfähigkeit an internationale Standards gewährleistet.
3. **Sichtbarer Wandel**: Die neuen formalen Anforderungen signalisieren nach aussen den vollzogenen Paradigmenwechsel von der produkt- zur prozessorientierten Maturaarbeit.

Diese formalen Anpassungen sollten von einer entsprechenden Vorbereitung der Schüler*innen begleitet werden. Workshops zum wissenschaftlichen Schreiben, zur Erstellung von Abstracts und zu modernen Recherchetools sollten fester Bestandteil der Einführung in die Maturaarbeit sein. So wird sichergestellt, dass die formalen Anforderungen nicht als zusätzliche Hürde, sondern als hilfreiche Struktur wahrgenommen werden, die den Forschungsprozess unterstützt und dokumentiert.

Der Umfang der Maturaarbeit

An den meisten Gymnasien schweizweit wird der Umfang der Maturaarbeit traditionell über die Textlänge des schriftlichen Berichts definiert, typischerweise zwischen 30.000 und 50.000 Zeichen ohne Leerzeichen. Doch diese quantitative Bemessung stammt aus einer Zeit, in der Texte noch weitgehend manuell erstellt wurden und die Textmenge tatsächlich mit dem investierten Arbeitsaufwand korrelierte.

In einer Ära, in der KI-basierte Textverarbeitungstools wie ChatGPT mit der "Canvas"-Funktion innerhalb weniger Sekunden Texte beliebig verlängern, kürzen oder umformulieren können, verliert diese Berechnung jedoch ihre Aussagekraft.

Zeit als wertvolle Ressource und neuer Massstab

Eine alternative, zeitgemässe Methode zur Bestimmung des Umfangs ist die Erfassung der tatsächlich aufgewendeten Arbeitszeit. Im Kanton Luzern sind für die Maturaarbeit bereits spezifische Studienwochen reserviert: im Frühling der fünften und im Herbst der sechsten Klasse, was einem Grundgerüst von etwa 80 Arbeitsstunden entspricht. Unter Berücksichtigung zusätzlicher Leistungen über das gesamte Jahr ergibt sich ein realistischer Gesamtaufwand von 120 bis 160 Stunden.

Dieser Zeitrahmen könnte künftig als verbindliche Richtvorgabe dienen. Er repräsentiert einen angemessenen Umfang für ein substanzielles Forschungsprojekt und schafft gleichzeitig Klarheit über die erwartete Investition an Zeit und geistiger Energie.

Das Projektjournal als zentrales Steuerungsinstrument

Um diesen zeitbasierten Ansatz zu operationalisieren, wird ein detailliertes Projektjournal zum wichtigen Instrument. Dieses sollte von den Gymnasiast*innen kontinuierlich geführt werden und sämtliche Arbeitsschritte mit entsprechenden Zeitangaben dokumentieren. Ein solches Journal bietet mehrere entscheidende Vorteile:

1. **Prozessuale Transparenz**: Die betreuende Lehrperson erhält jederzeit Einblick in den aktuellen Stand des Projekts und kann frühzeitig intervenieren, wenn Probleme erkennbar werden.
2. **Fokus auf den Forschungsprozess**: Die regelmässige Dokumentation lenkt die Aufmerksamkeit auf die eigentlichen wissenschaftlichen Arbeitsschritte – Recherche, Methodenentwicklung, Datenerhebung, Analyse und Reflexion.

Vom Produkt zum Prozess: Eine neue Verantwortungsverteilung

Der aktuelle Leitfaden für Maturaarbeiten an der Kantonsschule Alpenquai untersagt der betreuenden Lehrperson, grössere Teile der schriftlichen Arbeit vor dem Abgabetermin einzusehen oder zu korrigieren. Diese Regelung unterstreicht das problematische Verständnis der Maturaarbeit als primär textbasiertes Endprodukt statt als Forschungsprozess.

Ein zeitgemässes Verständnis erfordert eine Neuverteilung der Verantwortlichkeiten:

- **Schülerinnen und Schüler** führen kontinuierlich ein Projektjournal, in dem sie ihren Arbeitsfortschritt, ihre methodischen Überlegungen und investierte Zeitressourcen dokumentieren.

- **Betreuende Lehrpersonen** erhalten regelmässig Einblick in dieses Journal und begleiten den Forschungsprozess aktiv, ohne dabei die Eigenständigkeit der Lernenden zu untergraben.

Diese Neuausrichtung würde die Maturaarbeit vom statischen Textprodukt zum dynamischen Forschungsprojekt transformieren – eine Entwicklung, die nicht nur den technologischen Realitäten Rechnung trägt, sondern auch den eigentlichen Bildungszielen besser entspricht.

Ein zeitbasierter Ansatz erlaubt es zudem, die Bewertungskriterien stärker auf die tatsächlich relevanten Kompetenzen auszurichten:

- Qualität der Recherche und des methodischen Vorgehens
- Problemlösungskompetenz beim Umgang mit Hindernissen
- Reflexionsfähigkeit hinsichtlich der eigenen Arbeitsschritte
- Konsistenz und Stringenz der Argumentation (unabhängig von der reinen Textmenge)
- Eigenständigkeit und Kreativität bei der Themenbearbeitung

Statt Schülerinnen und Schüler zu motivieren, ihre Texte künstlich zu strecken oder mit Hilfe von KI zu optimieren, würde dieser Ansatz sie ermutigen, ihre Zeit in echten Erkenntnisgewinn und methodische Sorgfalt zu investieren.

Herausforderungen und Lösungsansätze

Die Umstellung auf einen zeitbasierten Ansatz bringt auch Herausforderungen mit sich. Die beiden häufigsten Einwände lassen sich jedoch entkräften:

1. **"Arbeitsstunden sind schwer zu kontrollieren."**

   Obwohl die Zeiterfassung grundsätzlich auf Vertrauen basiert, lassen regelmäßige Projektbesprechungen und die schrittweise Entwicklung überprüfbarer Zwischenergebnisse gut erkennen, ob die angegebene Arbeitszeit tatsächlich investiert wurde.

2. **"Die schriftliche Qualität könnte vernachlässigt werden."**
   Auch bei einer Orientierung an Arbeitsstunden bleibt ein angemessener schriftlicher Bericht ein wichtiger Bestandteil der Ge-
   samtleistung. Die Qualität der Sprache und Argumentation behält
   im Bewertungsraster ihren Platz.

Zeit für einen Paradigmenwechsel

Die Neudefinition des Umfangs anhand von Arbeitsstunden statt Zeichen-
zahl wäre ein bedeutender Schritt in Richtung einer prozessorientierten
Maturaarbeit, die den Herausforderungen des KI-Zeitalters gewachsen ist.
Sie würde den Fokus zurück auf die eigentlichen Bildungsziele lenken: die
Entwicklung von Forschungskompetenz, kritischem Denken und wissen-
schaftlichem Arbeiten.

Diese Umstellung erfordert Mut zur Veränderung – doch sie verspricht eine
nachhaltigere und zeitgemässere Form der Leistungsbewertung, die den
technologischen Realitäten und den tatsächlichen Anforderungen wissenschaftlichen Arbeitens besser entspricht als das blosse Zählen von Zeichen.

Ein Plädoyer für Konzeptwissen

Lehrpersonen finden sich heute in einer Situation wieder, die oft als Überforderung erlebt wird: Sie sollen nicht nur den eigenen Unterricht neu denken, sondern auch ihre Schüler*innen auf eine Zukunft vorbereiten, deren Konturen sie selbst nur vage erkennen können. In diesem Spannungsfeld haben sich zwei Ansätze in der Lehrerweiterbildung herauskristallisiert: die Vermittlung von Anwenderwissen einerseits und die Förderung von Konzeptwissen andererseits.

Der aktuelle Trend in der Weiterbildungslandschaft neigt stark zur Vermittlung von Anwenderwissen. Workshops mit Titeln wie "ChatGPT im Unterricht", "KI-Tools für Lehrkräfte" oder "Digitale Helferlein im Schulalltag" dominieren die Angebote und erfreuen sich grosser Beliebtheit – verständlicherweise, denn sie versprechen unmittelbare Entlastung und rasche Erfolgserlebnisse. Doch genau hier liegt die Problematik: Diese Fokussierung auf kurzfristige Anwendung birgt die Gefahr, dass Lehrpersonen langfristig abhängig von externen Expertisen bleiben und bei jedem Technologiesprung erneut überfordert sind.

Die Grenzen des reinen Anwenderwissens

Anwenderwissen konzentriert sich auf die konkrete Handhabung spezifischer Tools und Plattformen. Es beantwortet Fragen wie: "Wie lade ich eine Datei hoch? " "Welche Befehle kann ich nutzen? " "Wie generiere ich eine Aufgabe oder eine Unterrichtseinheit?" Dieser Ansatz bringt unbestreitbare Vorteile:

- **Niedrige Einstiegshürde**: Die Bedienung von KI-Tools lässt sich in kurzer Zeit erlernen.
- **Unmittelbare Anwendbarkeit**: Am nächsten Schultag kann das Gelernte bereits eingesetzt werden.
- **Konkrete Ergebnisse**: Die Erfolge sind sofort sichtbar und messbar.
- **Abbau von Berührungsängsten**: Durch positive Erfahrungen sinkt die Hemmschwelle im Umgang mit neuen Technologien.

Dennoch offenbaren sich bei näherem Hinsehen erhebliche Limitationen:

- **Kurzlebigkeit**: Was heute als Best Practice gilt, kann morgen schon überholt sein. Die Halbwertszeit von konkretem Tool-Wissen ist sehr kurz.
- **Transferprobleme**: Wer nur die Oberfläche einer bestimmten Anwendung kennt, steht bei jeder neuen KI-Anwendung wieder am Anfang.
- **Abhängigkeit**: Es entsteht eine fortdauernde Abhängigkeit von externen Expertinnen und Experten, die die "neuesten Tricks" vermitteln.
- **Fehlende Urteilskraft**: Ohne tieferes Verständnis fällt es schwer, die Qualität, Zuverlässigkeit und Grenzen eines KI-Systems einzuschätzen.

Diese Problematik zeigt sich besonders deutlich, wenn wir uns die Dynamik des KI-Marktes vor Augen führen: In den vergangenen 12 Monaten wurden mehrere bedeutende neue KI-Modelle veröffentlicht, bestehende Tools haben sich grundlegend verändert, und die Funktionsweisen wurden mehrfach überarbeitet. Wer sich ausschliesslich auf Anwenderwissen verlässt, muss bei jeder dieser Veränderungen gewissermassen von vorne beginnen.

Konzeptwissen als nachhaltiges Fundament

Im Gegensatz dazu umfasst Konzeptwissen das grundlegende Verständnis der Prinzipien, Mechanismen und Zusammenhänge, die hinter KI-Systemen stehen. Es geht um Fragen wie: "Wie lernen Maschinen?" "Welche Rolle spielen Trainingsdaten?" "Wo liegen systemimmanente Grenzen?" "Welche ethischen Implikationen ergeben sich?" Der Wert dieses Ansatzes liegt in seiner Nachhaltigkeit und Tiefe:

- **Langfristige Gültigkeit**: Die grundlegenden Prinzipien der KI sind deutlich beständiger als spezifische Anwendungsdetails.
- **Transferfähigkeit**: Wer die Konzepte versteht, kann sein Wissen auf neue Tools und Situationen übertragen.
- **Autonomie**: Lehrpersonen werden befähigt, selbstständig neue Entwicklungen einzuordnen und zu bewerten.
- **Reflexive Tiefe**: Konzeptwissen fördert ein kritisches Bewusstsein für Möglichkeiten und Grenzen der Technologie.

Ein konkretes Beispiel: Eine Lehrperson, die lediglich gelernt hat, wie man mit Fobizz Arbeitsblätter erstellt, steht ratlos da, wenn plötzlich ein neues, leistungsfähigeres Tool erscheint oder wenn die bekannte Oberfläche grundlegend überarbeitet wird. Hingegen kann eine Lehrperson mit solidem Konzeptwissen die Funktionsweise neuer Systeme schnell erschliessen, seine Eignung für den Unterricht beurteilen und es gegebenenfalls sinnvoll einsetzen – ohne erneute externe Schulung.

Der gesellschaftliche Kontext: KI als Kulturtechnik

Konzeptwissen gewinnt zusätzlich an Bedeutung, wenn wir KI nicht nur als Werkzeug, sondern als fundamentale Kulturtechnik betrachten, die unsere Gesellschaft tiefgreifend verändern wird. Lehrpersonen mit konzeptionellem Verständnis können:

- Den gesellschaftlichen Wandel durch KI kritisch reflektieren und mit ihren Schüler*innen diskutieren.
- Parallelen und Unterschiede zwischen menschlichem und maschinellem Lernen herausarbeiten.
- Ethische und soziale Implikationen der KI-Nutzung erkennen und thematisieren.
- Historische Einordnungen vornehmen und KI im Kontext früherer technologischer Revolutionen betrachten.

Diese breitere Perspektive ermöglicht es Lehrpersonen, KI nicht als isoliertes technisches Phänomen zu behandeln, sondern als integralen Bestandteil einer sich wandelnden Gesellschaft. Dies wiederum befähigt sie, ihre Schüler*innen auf eine Zukunft vorzubereiten, in der KI allgegenwärtig sein wird.

Die Vergleichsebene: Maschinelles und menschliches Lernen

Ein besonders fruchtbarer Aspekt des Konzeptwissens ist die Möglichkeit, Vergleiche zwischen maschinellem und menschlichem Lernen zu ziehen. Lehrpersonen, die verstehen, wie KI-Systeme "lernen", können dieses Wissen nutzen, um auch das menschliche Lernen besser zu verstehen und zu fördern:

- Sie erkennen die Bedeutung qualitativ hochwertiger "Trainingsdaten" für beide Lernformen.
- Sie verstehen die Rolle von Feedback-Schleifen und iterativen Prozessen.
- Sie können differenzieren zwischen Mustererkennung und echtem Verständnis (Vernetzen).
- Sie reflektieren die Unterschiede zwischen statistischen Korrelationen und kausalen Zusammenhängen.

Diese vergleichende Perspektive eröffnet nicht nur neue didaktische Möglichkeiten, sondern schärft auch das Bewusstsein für die einzigartigen Qualitäten menschlicher Lernprozesse – wie Kreativität, Empathie und ethisches Urteilsvermögen –, die KI-Systemen (noch) fehlen.

Praktische Umsetzung: Eine Balance finden

Das Plädoyer für mehr Konzeptwissen bedeutet nicht, Anwenderwissen vollständig zu vernachlässigen. Vielmehr geht es um eine ausgewogene Integration beider Aspekte in der Lehrerweiterbildung. Ein idealer Ansatz könnte folgendermassen aussehen:

1. **Einstiegsphase mit praktischem Fokus**: Niedrigschwellige Einführung in konkrete Tools, um Berührungsängste abzubauen und erste Erfolge zu ermöglichen.
2. **Konzeptionelle Vertiefung**: Systematische Erarbeitung der zugrundeliegenden Prinzipien, wobei die praktischen Erfahrungen als Anknüpfungspunkte dienen.
3. **Reflektierte Praxis**: Rückkehr zur Anwendung, nun aber mit tieferem Verständnis und der Fähigkeit zur kritischen Einordnung.
4. **Kontinuierliche Weiterentwicklung**: Regelmässige Updates zu neuen Entwicklungen, wobei der Fokus auf konzeptionellen Veränderungen liegt, nicht auf oberflächlichen Feature-Updates.

Diese Struktur ermöglicht es, die Vorteile beider Wissensformen zu verbinden: die unmittelbare Anwendbarkeit des Anwenderwissens und die nachhaltige Wirkung des Konzeptwissens.

Konkrete Anwendungstipps sind heute leicht zugänglich – sei es durch Kollegengespräche, YouTube-Tutorials oder fachspezifische Blogs. Was hingegen nicht so leicht "nebenbei" erworben werden kann, ist das tiefere Verständnis der konzeptionellen Grundlagen. Genau hier sollte der Schwerpunkt institutionalisierter Weiterbildung liegen.

Konzeptwissen als Investition in die Zukunft

In einer Zeit, in der KI-Systeme sich in rasantem Tempo weiterentwickeln, wäre es kurzsichtig, Lehrerweiterbildung auf die Vermittlung kurzlebiger Anwendungsfertigkeiten zu reduzieren. Stattdessen sollten wir Konzeptwissen als langfristige Investition in die professionelle Autonomie und Urteilsfähigkeit begreifen.

Die nachhaltige Integration von KI in die Bildungslandschaft erfordert Lehrpersonen, die nicht nur "Anwender", sondern "Versteher" sind – Fachleute, die technologische Entwicklungen einordnen, kritisch reflektieren und sinnvoll in ihren pädagogischen Kontext integrieren können. Nur mit diesem tieferen Verständnis werden sie in der Lage sein, ihre Schüler*innen auf eine Zukunft vorzubereiten, in der KI allgegenwärtig sein wird.

Konzeptwissen darf daher nicht auf dem Altar kurzfristiger "Best Practices" geopfert werden. Es bildet vielmehr das Fundament, auf dem jede sinnvolle Anwendung von KI im Bildungskontext aufbauen muss. Die Herausforderung für Bildungsinstitutionen besteht darin, Weiterbildungsformate zu entwickeln, die dieses Fundament stärken und gleichzeitig praxisrelevant bleiben – eine anspruchsvolle, aber lohnende Aufgabe für die Bildung im KI-Zeitalter.

Schüler*innenfotos im digitalen Zeitalter

In einer Zeit zunehmender Digitalisierung stehen Schulen vor komplexen Herausforderungen im Spannungsfeld zwischen Öffentlichkeitsarbeit und Datenschutz. Eine besonders heikle Frage betrifft die Veröffentlichung von Schülerfotos auf Schulwebsites oder in Jahresberichten - eine Praxis, die lange als selbstverständlicher Teil der schulischen Aussendarstellung galt, nun aber kritisch hinterfragt werden muss.

Die unterschätzte Tragweite veröffentlichter Schüler*innenbilder

Die Publikation von Fotos minderjähriger Schüler*innen erscheint auf den ersten Blick harmlos, birgt jedoch erhebliche Risiken. Einmal im Internet, entziehen sich Fotos weitgehend der Kontrolle der Schule oder der Eltern. Diese scheinbar banale Feststellung gewinnt im Kontext aktueller technologischer Entwicklungen dramatisch an Bedeutung.

Das Recht am eigenen Bild ist nicht nur ein abstraktes Rechtsgut, sondern ein elementarer Bestandteil des Persönlichkeitsrechts. Besonders für Minderjährige, die laut UN-Kinderrechtskonvention explizit ein Recht auf Privatsphäre geniessen[5], wiegt die Veröffentlichung ihrer Bilder schwer. Sie können oft nicht abschätzen, was eine Veröffentlichung langfristig bedeutet.

Das rasant wachsende Risiko durch KI-Technologien

Fortschritte in der künstlichen Intelligenz ermöglichen es mittlerweile, aus wenigen Fotos täuschend echte Bild- und Videofälschungen zu erzeugen. Diese sogenannten Deepfakes können harmlose Klassenfotos in kompromittierende Darstellungen verwandeln. Besonders problematisch sind Algorithmen, die Bilder so manipulieren können, dass Minderjährige in unangemessenen Kontexten dargestellt werden.

---

[5] https://www.kinderrechtskonvention.info/schutz-der-privatsphaere-3549/

Die Vulnerabilität minderjähriger Internetnutzer

Silke Müller warnt in ihrem Buch " Wer schützt unsere Kinder?"[6] eindringlich: "Wir müssen erkennen, dass wir unsere Kinder verlieren, wenn wir sie in diesen Welten weiterhin fahrlässig allein und unbeschützt lassen." Diese Aussage trifft den Kern des Problems. Wenn Schulen Bilder ihrer Schüler veröffentlichen, lassen sie diese buchstäblich "unbeschützt" im digitalen Raum zurück.

Besonders besorgniserregend ist die Kombination aus Bild, Name und weiteren Informationen, die typischerweise in Schulpublikationen zu finden sind. Solche Angaben können leider auch von Personen mit schädlichen Absichten genutzt werden. Die moderne Suchmaschinen-Technologie macht es erschreckend einfach, diese Informationsschnipsel zusammenzuführen und potenziell zu missbrauchen.

Der fundamentale Wertungskonflikt

Ein aufschlussreicher Vergleich ergibt sich beim Blick auf die *Leitlinien zum Einsatz generativer KI des Kantons Luzern*. Dort wird unter "Nicht erlaubt" ausdrücklich gewarnt: "Einsatz von Bildern, Fotos, Videos deren Urheberrechte ich nicht besitze zur Verwendung in öffentlichen Publikationen des Kantons z.B. für Berichte, Website, soziale Medien." Als Begründung wird eine mögliche Urheberrechtsverletzung angeführt. Folgendes Fallbeispiel wird dort erwähnt: "Ich lasse mir ein Bild von der KI generieren und verwende es im Jahresbericht der Schule (→ Urheberrechtsverletzung möglich)".

Diese Vorsicht ist zweifellos angebracht. Doch sie offenbart eine irritierende Schieflage in der Wertehierarchie: Während potenzielle Urheberrechtsverletzungen durch KI-generierte Bilder als erhebliches Risiko eingestuft werden, scheinen die weitaus schwerwiegenderen Folgen einer Veröffentlichung realer Schüler*innenbilder - von Identitätsdiebstahl über digitales Grooming bis hin zu missbräuchlicher Bildmanipulation - weniger Beachtung zu finden.

---

[6] Müller, Silke (2024): *Wer schützt unsere Kinder?: Wie künstliche Intelligenz Familien und Schule verändert und was jetzt zu tun ist*. München: Droemer HC

Psychologische und soziale Dimensionen
Über die unmittelbaren Sicherheitsrisiken hinaus gibt es wichtige psychologische Auswirkungen zu bedenken. Die öffentliche Zurschaustellung kann ein Gefühl des Kontrollverlusts hervorrufen und das Vertrauen in die Schule als schützende Institution untergraben. Besonders im Fall von Cybermobbing können veröffentlichte Bilder zum Ausgangspunkt für Demütigungen werden, die sich im digitalen Raum mit beispielloser Geschwindigkeit verbreiten.
Silke Müller betont in diesem Zusammenhang die Verantwortung der Erwachsenen: "Nicht die Jugendlichen sind schuld an den Missständen, sondern wir Erwachsenen, die es versäumt haben, klare Werte und Normen für den Umgang im Netz vorzuleben.[7]" Ein bewusster Verzicht auf die Veröffentlichung von Schülerbildern könnte genau das sein: ein Vorbild für den respektvollen Umgang mit persönlichen Daten.

Alternative Wege der schulischen Darstellung
Die Entscheidung gegen die Veröffentlichung von Schülerfotos bedeutet keineswegs einen Verzicht auf ansprechende schulische Öffentlichkeitsarbeit. Hier könnte die in den Luzerner Leitlinien kritisch gesehene KI-Technologie ironischerweise eine Lösung bieten: Anonymisierte Darstellungen, Illustrationen oder kreative Alternativen, die keine realen Personen zeigen, könnten Schulaktivitäten visualisieren, ohne Schüler*innen zu gefährden.
Alternativ könnten kreative Projektarbeiten, Symbolbilder oder Fotos von Räumlichkeiten und Unterrichtsmaterialien einen Einblick in den Schulalltag geben. Auch die Darstellung durch Schülerkunstwerke oder abstrakte Visualisierungen kann die schulische Arbeit lebendig dokumentieren, ohne Persönlichkeitsrechte zu berühren.

Eine Neubewertung tut not
Im Licht der vielfältigen Risiken erscheint die Veröffentlichung von Schüler*innenfotos auf Schulwebsites oder in Jahresberichten als nicht mehr zeitgemässe Praxis. Silke Müllers Mahnung sollte uns Ansporn sein: Wir dürfen Jugendliche im digitalen Raum nicht unbeschützt lassen.
Als Bildungs- und Schutzinstitution ist die Schule verpflichtet, proaktiv zu handeln und Risiken zu minimieren, bevor Schaden entsteht. Die Abwä-

---

[7] Müller, Silke (2024): *Wer schützt unsere Kinder?: Wie künstliche Intelligenz Familien und Schule verändert und was jetzt zu tun ist*. München: Droemer HC

gung zwischen optisch ansprechender Aussendarstellung und dem Schutz der Persönlichkeitsrechte sollte klar zugunsten des Schutzes ausfallen.

In Zeiten, in denen Technologien wie Deepfakes, Gesichtserkennung und Datenhandel zunehmen, sendet ein bewusster Verzicht auf Schülerfotos ein wichtiges pädagogisches Signal: Wir nehmen den Schutz persönlicher Daten ernst und leben diesen Wert aktiv vor.

Einen wohlüberlegten Aufschub wagen?

Die Integration Künstlicher Intelligenz in Bildungsprozesse markiert eine kopernikanische Zeitenwende: Zum ersten Mal in der Geschichte des institutionalisierten Lernens steht Schüler*innen ein System zur Verfügung, das nicht nur Wissen speichert und abruft, sondern eigenständig Texte verfasst, Aufgaben löst und sogar in einen dialogischen Austausch treten kann. Diese fundamentale Veränderung stellt das gymnasiale Bildungssystem vor die Herausforderung, seine grundlegenden Paradigmen zu überdenken.

Die Weiterentwicklung der gymnasialen Maturität (WEGM) ist zweifellos ein wichtiger Reformprozess. Nach fast 30 Jahren ohne grundlegende Überarbeitung besteht ein berechtigter Bedarf an Modernisierung. Doch ein Reformprozess, der konzipiert wurde, bevor die disruptive Kraft von ChatGPT und anderen Large Language Models erkennbar war, läuft Gefahr, bei seiner Einführung bereits wieder veraltet zu sein.

Das Tempo technologischer Entwicklung versus bildungspolitische Trägheit

Unser Bildungssystem ist von Natur aus konservativ – und das aus gutem Grund. Es bewahrt erprobte Strategien, schützt vor kurzlebigen Trends und garantiert eine gewisse Stabilität. Doch genau diese Trägheit wird in Zeiten exponentieller technologischer Entwicklung zum Problem. Während die WEGM-Reform in jahrelangen Konsultationen erarbeitet wurde, hat sich die technologische Landschaft fundamental verändert:

1. **Die Geschwindigkeit der KI-Entwicklung:** Im November 2022 wurde ChatGPT veröffentlicht und hat binnen Monaten die Bildungslandschaft erschüttert. Seither folgen neue Modelle und Anwendungen in immer kürzeren Abständen. Diese exponentielle Beschleunigung konnte bei der Konzeption der WEGM-Reform nicht antizipiert werden.

2. **Umwälzung der Lern- und Prüfungskultur:** Traditionelle Hausaufgaben, Aufsätze und Rechercheprojekte können inzwischen mit wenigen Prompts an eine KI delegiert werden. Noch haben wir keine schlüssigen Antworten darauf, wie authentisches Lernen unter diesen Bedingungen aussehen soll.

3. **Paradigmenwechsel vom Wissen zum Verstehen:** KI macht Faktenwissen und bestimmte prozedurale Kompetenzen zunehmend obsolet. Der Schwerpunkt muss sich verlagern auf kriti-

sches Denken, Reflexionsfähigkeit und metakognitive Kompetenzen.

Angesichts dieser Entwicklungen erscheint ein temporäres Moratorium der WEGM-Reform nicht als Rückschritt, sondern als notwendige Atempause. Ein Aufschub von 1-2 Jahren würde wertvolle Zeit schaffen, um die Reform an die neue Realität anzupassen, statt sie in einer Form umzusetzen, die möglicherweise schon bei ihrer Einführung überholt ist.

Der Informatikunterricht im Fokus

Besonders deutlich wird der Anpassungsbedarf beim Informatikunterricht. Die Reform sieht Informatik als neues Grundlagenfach vor – eine Entscheidung, die grundsätzlich zu begrüssen ist. Doch die Frage nach den Inhalten und dem didaktischen Ansatz stellt sich im Licht der KI-Revolution neu:

- **Programmieren als Grundkompetenz?** Wenn KI-Systeme wie GitHub Copilot oder ChatGPT immer besser darin werden, Code zu generieren, verliert das klassische Programmieren als Unterrichtsinhalt an Relevanz. In naher Zukunft wird es weniger wichtig sein, selbst zu coden, als vielmehr KI-Systeme durch präzise Prompts anzuleiten und ihren Output kritisch zu prüfen.
- **Von der Syntax zur Semantik:** Anstatt Syntax-Details von Programmiersprachen zu lehren, sollte der Fokus auf das konzeptionelle Verständnis von Algorithmen, Datenstrukturen und Problemlösungsstrategien gelegt werden. Die Fähigkeit, Probleme zu analysieren und in logische Schritte zu zerlegen, bleibt wertvoll – unabhängig davon, ob der Code selbst geschrieben oder von einer KI generiert wird.
- **KI-Literacy als neues Lernziel:** Eine zukunftsfähige Informatikbildung muss Schüler*innen befähigen, die Funktionsweise, Möglichkeiten und Grenzen von KI-Systemen zu verstehen. Dies umfasst Grundkenntnisse über maschinelles Lernen, Trainingsdaten, Bias-Probleme und die ethischen Implikationen algorithmischer Entscheidungsfindung.
- **Stundendotation überdenken:** In diesem Kontext muss auch die geplante Stundendotation für das Fach Informatik kritisch hinterfragt werden. Wenn reine Programmierkenntnisse an Bedeutung verlieren, könnte ein Teil der Zeit besser für interdisziplinäre Projekte oder die Integration von KI in andere Fachbereiche genutzt werden.

Das Moratorium würde Raum schaffen, um die Informatik-Curricula grundlegend zu überarbeiten und an die KI-Realität anzupassen, statt ein Fach zu etablieren, dessen Inhalte möglicherweise schon bei Einführung teilweise obsolet sind.

Der kulturelle Wandel: Mehr als nur neue Tools

Die KI-Revolution ist kein blosser Werkzeugwechsel, sondern ein kultureller Umbruch, der unser Verständnis von Wissen, Lernen und intellektueller Arbeit grundlegend verändert. Ähnlich wie der Buchdruck oder das Internet hat KI das Potenzial, unsere kognitiven Praktiken neu zu definieren.

Ein Moratorium würde es ermöglichen, diesen kulturellen Wandel tiefgreifender zu reflektieren und in die Reform einzubeziehen. Statt KI nur als weiteres digitales Hilfsmittel zu behandeln, könnten wir die Chance nutzen, grundlegende Fragen neu zu stellen:

- Welche Kompetenzen bleiben in einer KI-dominierten Welt unverzichtbar?
- Wie gestalten wir Prüfungsformate, die authentische Leistungen fordern und bewerten?
- Welche ethischen Leitlinien brauchen wir für den Einsatz von KI im Bildungskontext?
- Wie können wir die Autonomie der Lernenden stärken und gleichzeitig eine übermässige Abhängigkeit von KI verhindern?

Diese Fragen erfordern Zeit für Experimente, Diskussionen und evidenzbasierte Entscheidungen – Zeit, die ein Moratorium bieten würde.

Lernende Systeme brauchen Zeit zum Lernen

Das Paradoxe an der aktuellen Situation ist, dass wir über lernende Systeme sprechen, während unser Bildungssystem selbst kaum Zeit zum Lernen erhält. Ein Moratorium wäre keine Pause, sondern eine aktive Lernphase, in der systematisch Erfahrungen gesammelt und ausgewertet werden könnten:

1. **Pilotprojekte und Feldversuche:** Gezielte Experimente mit verschiedenen KI-Integrationsstufen könnten wertvolle Erkenntnisse liefern, wie Unterricht im KI-Zeitalter gestaltet werden sollte.
2. **Kompetenzaufbau bei Lehrpersonen:** Die Zeit könnte genutzt werden, um Lehrkräfte systematisch auf die KI-Integration vorzubereiten, statt sie mit einer Reform zu konfrontieren, für die sie noch nicht gerüstet sind.
3. **Entwicklung neuer didaktischer Konzepte:** Das Moratorium würde Raum für die Erarbeitung innovativer didaktischer Ansätze schaffen, die KI nicht nur als Tool, sondern als integralen Bestandteil des Lernprozesses begreifen.

4. **Internationale Vernetzung:** Die Herausforderungen durch KI sind global. Ein Moratorium würde es erlauben, systematisch von internationalen Erfahrungen und Best Practices zu lernen.

Die Geschichte zeigt, dass überstürzte Reformen selten nachhaltig sind. Als der Taschenrechner in den 1970er Jahren Einzug in die Schulen hielt, brauchte es Zeit, um das richtige Gleichgewicht zwischen händischen Rechenkompetenzen und technologiegestütztem Arbeiten zu finden. Ähnliches gilt für die Integration des Internets in den 1990er und 2000er Jahren. In beiden Fällen waren es nicht die ersten, sondern die reflektierten, durch Erfahrung gereiften Ansätze, die sich durchgesetzt haben.

Ein Kompromiss: Reform mit integrierter Lernschleife

Ein völliger Stopp der Reform ist weder realistisch noch wünschenswert. Zu viel Arbeit und Konsens sind bereits in den WEGM-Prozess geflossen. Stattdessen könnte ein moderiertes Moratorium einen Mittelweg darstellen:

1. Die rechtlichen Grundlagen der Reform werden wie geplant verabschiedet.
2. Die Umsetzung wird jedoch um 1-2 Jahre verschoben, um eine "KI-Anpassungsphase" einzuschieben.
3. In dieser Phase werden gezielte Pilotprojekte durchgeführt, um verschiedene Ansätze zur KI-Integration zu erproben.
4. Eine wissenschaftliche Begleitung evaluiert diese Pilotprojekte und leitet Empfehlungen für die flächendeckende Umsetzung ab.
5. Die Reform wird anschliessend in einer aktualisierten, KI-sensiblen Form ausgerollt.

Dieser Ansatz würde die Vorteile eines Moratoriums mit dem Momentum des bestehenden Reformprozesses verbinden. Er würde anerkennen, dass die KI-Revolution eine grundlegende Neubewertung erfordert, ohne den Reformprozess selbst zu gefährden.

Innehalten für einen weitsichtigeren Weg

Ein Moratorium für die WEGM-Reform wäre kein Zeichen von Schwäche, sondern von Weitsicht. Es würde anerkennen, dass die kopernikanische Zeitenwende durch KI eine entsprechende Anpassung unserer Bildungsstrategien erfordert.

In einer Welt, in der KI fundamentale Aspekte des Lernens und Arbeitens revolutioniert, kann eine Reform, die vor dieser Revolution konzipiert wurde, nicht einfach unverändert umgesetzt werden. Wir stehen vor der Wahl: Eine Reform durchsetzen, die schon bei ihrer Einführung teilweise überholt sein könnte, oder kurz innehalten, um einen wirklich zukunftsfähigen Weg einzuschlagen.

Das vorgeschlagene Moratorium wäre keine Verzögerungstaktik, sondern ein strategisches Innehalten, um sicherzustellen, dass die gymnasiale Bildung in der Schweiz nicht nur mit der Vergangenheit bricht, sondern auch für die Zukunft gerüstet ist. Es wäre eine Investition in eine Reform, die nicht nur neu, sondern auch nachhaltig ist – eine Reform, die das Gymnasium tatsächlich auf die kopernikanische Zeitenwende durch KI vorbereitet.

Schlusswort

Die KI-Revolution verändert die Bildungslandschaft grundlegend – sie transformiert den Unterricht, die Prüfungskultur und das Selbstverständnis der Lehrpersonen. Diese Veränderungen stellen das Gymnasium vor grosse Herausforderungen, bieten aber zugleich die Chance, Bildung zeitgemäss neu zu denken.

Ein altes Sprichwort fasst unsere Situation treffend zusammen: Wir können den Wind nicht ändern, aber wir können die Segel danach ausrichten.

Die aktuellen Entwicklungen zwingen uns, vertraute Praktiken zu überdenken: Wie bewerten wir Leistungen im KI-Zeitalter? Wie gehen wir mit der wachsenden digitalen Kluft zwischen den Lernenden um? Wie wahren wir ethische Grundsätze und Datenschutz? Diese Fragen erfordern durchdachte Antworten, keine übereilten Reaktionen.

Der zukunftsfähige Weg liegt in einem ausgewogenen Ansatz: Wir setzen auf Bewertungsformen, die den Prozess über das Produkt stellen; wir fördern überfachliche Kompetenzen, die durch KI nicht ersetzbar sind; wir entwickeln klare Richtlinien für eine transparente KI-Nutzung und investieren in konzeptionelles Verständnis statt in blosses Anwenderwissen.

Das Gymnasium bleibt seinem Bildungsauftrag treu, auch wenn sich die Mittel und Wege verändern. Es ist unsere Aufgabe, die Transformation aktiv zu gestalten, statt passiv auf sie zu reagieren. So können wir eine Bildungszukunft formen, in der Technologie und menschliches Denken sich sinnvoll ergänzen.

Der Wind des Wandels weht. Setzen wir Segel.

Bibliographie

- Alloatti, Sara / Montemarano, Filomena (2024): Es macht klick. Künstliche Intelligenz bei schriftlichen Arbeiten clever nutzen. Bern: Hep Verlag.
- Anders, Brend A. (2023): *The AI Literacy Imperative: Empowering Instructors & Students*. Sovorel Publishing
- Ebinger, Johanna / Kaufmann, Sven (2023): Künstliche Intelligenz im Unterricht. Berlin: Cornelsen.
- Ehret, Boris (2024): Prompt Engineering für die Sekundarstufe 1+2. Ein praxisnaher Leitfaden für Lehrpersonen. Norderstedt, Selbstverlag.
- Falck, Joscha (2024): Effektiv Unterrichten mit Künstlicher Intelligenz. Hamburg: Persen Verlag.
- Falck, Joscha (2023): Lernförderliches Feedback im Unterricht. Anregungen und Beispiele für eine effektive Rückmeldung - mit klassischen und digitalen Tools. Hamburg: Persen Verlag.
- Held, Oliver (2024): ChatGPT im Geschichtsunterricht. Frankfurt/M.: Wochenschau Verlag.
- Khan, Salman (2024): Brave New Words. Dublin: Allan Lane.
- König, Alexander (Hrsg.) (2023). Praxisratgeber „Künstliche Intelligenz: Wie Chatbot und Co. Den Unterricht verändern. Hannover: Friedrich Verlag
- König, Alexander (Hrsg.) und Mosbach, Julia (Hrsg.) (2024): Praxisratgeber „Künstliche Intelligenz als Unterrichtsassistent": Wie KI-Tools das Lehrerleben erleichtern". Hannover: Friedrich Verlag,
- Metzenthin, Christian (2023). Bedeutet ChatGPT das Ende der Maturitätsarbeit? GYMNASIUM HELVETICUM (3/2023), 20-23).
- Rieck, Christian (2023): Schummeln mit ChatGPT. München: Yes Publishing.
- Schwarzenbach, Robin (2024): ChatGPT gefährdet die gymnasiale Bildung. In: NZZ, 02.07.2024.
- Verschiedene Autoren (2024): ChatGPT und die Folgen. Fachpublikation für zeitgemässen Deutschunterricht. Aarau: VSDL Verein Schweizer Deutschlehrpersonen c/o Pascal Frey.

Internetquellen

- Bildungsministerkonferenz verabschiedet Handlungsempfehlung zum Umgang mit Künstlicher Intelligenz. Online: https://www.kmk.org/aktuelles/artikelansicht/bildungsministerkonferenz-verabschiedet-handlungsempfehlung-zum-umgang-mit-kuenstlicher-intelligenz-1.html [Abrufdatum: 25.02.2025].
- Data-Literacy-Charta Schweiz. Online: https://akademien-achweiz.ch/de/themen/wissenschaftskultur/data-literacy-charta/ [Abrufdatum: 25.02.2025].
- Deutsche Telekom Stiftung (2023): Schule und KI – Ein praxisorientierter Leitfaden. Online: https://www.telekom-stiftung.de/sites/default/files/files/Leitfaden-Schule-und-KI.pdf [Abrufdatum: 25.02.2025].
- Educa Dossier - KI in der Bildung. Online: https://www.educa.ch/de/aktuelles/educa-dossier/ki-der-bildung [Abrufdatum: 25.02.2025].
- Educa.ch: Realistische Einschätzung von KI-Systemen nötig. Online: https://www.educa.ch/de/news/2024/realistische-einschaetzung-von-ki-systemen-noetig [Abrufdatum: 25.02.2025].
- Educa.ch: Welche Auswirkungen hat KI auf das Lehren? Online: https://www.educa.ch/de/news/2024/welche-auswirkungen-hat-ki-auf-das-lehren [Abrufdatum: 25.02.2025].
- Eickelmann, B. (2023): KI in der Schule und Bildungsgerechtigkeit. Online: https://www.fiete.ai/blog/ki-in-der-schule-und-bildungsgerechtigkeit/ [Abrufdatum: 25.02.2025].
- Einführung generativer KI-Systeme in der Sek II. Online: https://help.mba.zh.ch/projekt-genki [Abrufdatum: 25.02.2025].
- Falck, J. (2023): Künstliche Intelligenz in der Schule. Reflexion zwischen Faszination und Überforderung. Online: https://joschafalck.de/ki-in-der-schule/ [Abrufdatum: 25.02.2025].
- Flick, M., Sölken, B., Winkelmann, N.:KI und Facharbeiten. Ein Leitfaden. Online: https://zenodo.org/records/14846540 [Abrufdatum: 01.03.2025].
- Hartong, S. (Hrsg.) (2023): Automatisierte Lernsysteme und KI-Anwendungen an Schulen. Impulse, Fragestellungen und Tipps für kritisch-reflektierende Entscheiderinnen und Nutzerinnen. Online: https://www.gwfjw.de/fileadmin/media/publikationen/iw/Bildung-digital/230731-Leitfaden-ADM-KI-Schule-final.pdf [Abrufdatum: 25.02.2025].

- Honegger, B. D. (2023): ChatGPT & Co. und Schule. Einschätzungen der Professur „Digitalisierung und Bildung" der Pädagogischen Hochschule Schwyz. Online: https://mia.phsz.ch [Abrufdatum: 25.02.2025].
- Honegger, B. D. (2023): Warum soll ich lernen, was die Maschine (besser) kann? Online: https://blog.doebe.li/Blog/WarumSollIchLernenWasDieMaschineBesserKann [Abrufdatum: 25.02.2025].
- KI: Vorreiterrolle der Stadtschulen Zug liefert erste Erfahrungen und Erkenntnisse. Online: https://www.stadtzug.ch/aktuellesinformationen/2282923 [Abrufdatum: 25.02.2025].
- Künstliche Intelligenz in der Bildung – Rechtliche Best Practices. Online: https://www.zh.ch/de/wirtschaft-arbeit/wirtschaftsstandort/innovation-sandbox/ki-in-der-bildung-rechtliche-best-practices.html [Abrufdatum: 25.02.2025].
- Muuss-Merholz, J. (2023): Ping-Pong-Denken mit der KI – Zusammenarbeit von Mensch und Maschine. Online: https://www.bpb.de/ping-pong-denken-mit-der-ki/ [Abrufdatum: 25.02.2025].
- Thouvenin, F. und Volz, S.: Rechtliche Auslegeordnung zur Entwicklung und Nutzung von KI im Bildungsraum Schweiz. Online: https://www.educa.ch/sites/default/files/2024-08/KI%20im%20Bildungsbereich_Rechtliche%20Auslegeordnung_2.pdf [Abrufdatum: 25.02.2025].
- UNESCO: What you need to know about UNESCO's new AI competency frameworks for students and teachers. Online: https://www.unesco.org/en/articles/what-you-need-know-about-unescos-new-ai-competency-frameworks-students-and-teachers [Abrufdatum: 25.02.2025].
- Vodafone Stiftung GmbH (Hrsg.) (2023): Aufbruch ins Unbekannte. Schule in Zeiten von künstlicher Intelligenz und ChatGPT. Online: https://www.vodafone-stiftung.de/wp-content/uploads/2023/04/Aufbruch-ins-Unbekannte_Studie-zu-KI-im-Schulkontext.pdf [Abrufdatum: 25.02.2025].
- Vodafone Stiftung GmbH (Hrsg.) (2024): Pioniere des Wandels: Wie Schüler*innen KI im Unterricht nutzen möchten. Online: https://www.vodafone-stiftung.de/jugendstudie-kuenstliche-intelligenz/ [Abrufdatum: 25.02.2025].
- Vodafone Stiftung GmbH (Hrsg.) (2025): KI an europäischen Schulen. https://www.vodafone-stiftung.de/europaeische-schuelerstudie-kuenstliche-intelligenz/ [Abrufdatum: 25.02.2025].

Danksagung

Ein Buch schreibt sich nicht von allein – auch nicht, wenn es um künstliche Intelligenz geht. Daher möchte ich allen danken, die dieses Projekt unterstützt haben:
Mein aufrichtiger Dank geht Annemarie, Geneviève und Tabea. Euer scharfer Blick und eure konstruktiven Rückmeldungen waren sehr wertvoll!
Und ja, ich möchte auch meinen digitalen Assistenten Perplexity, Notebook LM, OpenAI o1 und o3 sowie Claude 3.7 Sonnet danken. Ihr wart zuverlässige Helfer bei der Recherche und Textgestaltung – und der Beweis, dass sich menschliche Kreativität und künstliche Intelligenz gegenseitig beflügeln können.

Danke, dass ihr alle dazu beigetragen habt!